SOPHIAS
VEGANE WELT

SOPHIAS VEGANE WELT

Sophia Hoffmann

Inhaltsverzeichnis

Sophias vegane Welt

Liebe Leserin, lieber Leser!

Herzlich willkommen in *Sophias veganer Welt*. Wie ist sie entstanden und wie sieht es dort aus? Auf jeden Fall ziemlich bunt, soviel ist klar …

Hätte mir jemand vor ein paar Jahren prophezeit, dass mein erstes Buch ein veganes Kochbuch sein würde – ich hätte ihm nicht geglaubt. Zwar hatte ich schon als Teenager literarische Ambitionen, aber diese transzendierten eher zwischen dadaistischen Gedichten und Rocksong-Texten. Auch meine kulinarische Extraveganz entwickelte sich erst über die letzten Jahre zur großen Leidenschaft.

Verstehe mich nicht falsch – ich habe schon immer gerne gekocht. Mein Vater ist Hausmann und ein begeisterter Koch – von ihm habe ich gelernt, wie man aus Resten fantastische Speisen bereitet und kulinarisch stets neugierig und experimentierfreudig bleibt.

Muttern war für Backwaren und Mehlspeisen zuständig – sie nahm mir die Angst vor Strudelteig und vor Weihnachten schickten wir Papa auf ein langes Wochenende zu Freunden und buken tagelang exzessiv Plätzchen.

Die Essenz aus der improvisatorischen Leichtigkeit meines Vaters und der gewissenhaften Rezepttreue meiner Mutter haben mir das Selbstvertrauen gegeben, alles kochen zu können.

Trial and error. Hauptsache es schmeckt.

Auch wenn ich nie in Betracht gezogen habe, eine Kochausbildung zu machen (heute wäre das sowieso kein Thema mehr, da es in Deutschland nicht möglich ist, diesen Beruf ohne die Zubereitung von Tieren zu erlernen), suchte ich schon immer die Nähe der Gastronomie.

Mit 12 bekam ich einen dieser kitschigen Bistro-Tische mit gusseisernem Fuß und Marmorplatte – meine logische Reaktion war fortan, „Restaurant" zu spielen. Ich schrieb eine Speisekarte und plünderte die elterliche Küche, um meine Freunde zu bewirten.

Kurz darauf fing ich an, Torten zu backen. Mit vielen Schichten und knallbunten Marzipan-Skulpturen. Weil es mir so Spaß machte, kamen selbst entfernte Bekannte in den Genuss meiner Geburtstagstorten.

Bis meine Eltern das Budget kürzten und darauf bestanden, dass ich die Zutaten zukünftig von meinem Taschengeld kaufen müsse. Meine Ambitionen als Konditorin schmolzen dahin wie Buttercreme an einem heißen Sommertag.

Der erste Nebenjob als Gymnasiastin war Pizzabäckerin bei einem Homeservice. Meine Chefin war schmerzfrei, was den Qualitätsanspruch der Lebensmittel anging. Sie pflegte zu sagen: *„Der Ofen hat 300 Grad, was da durchgeht, ist danach eh hin!"*.

In den folgenden Jahren jobbte ich als Maiskolben- und Ofenkartoffelverkäuferin, in einem Feinkostgeschäft, beim Catering, in einem Süßwarengeschäft und in einem Bioladen.

Immer sehr nah dran am Essen.

Doch dies diente wortwörtlich dem Broterwerb – meine Leidenschaft galt der Musik.

– Sophias vegane Welt –

Als Sängerin und DJ trieb ich mich im Nacht-leben herum, organisierte Partys und pfleg-te einen ungesunden, aber glamourösen Lebensstil.

Bald merkte ich, dass eine ausgewogene, gesunde Ernährung unerlässlich ist, wenn man die Nacht berufsbedingt zum Tag macht. Ich fing verstärkt an darauf zu ach-ten, was ich aß. Viel Gemüse, Salate, aber nach wie vor auch Tiere.

Zwar hatte ich als Teenager mal ein paar Jahre vegetarisch gelebt, doch meine Vor-sätze schmiss ich betrunken auf dem Münchner Oktoberfest über den Haufen, während sich meine Finger gierig in ein herrlich duftendes Grillhähnchen bohrten.

Die Tiere taten mir zwar nach wie vor leid, aber *„es schmeckte halt so gut"*. Erst als ich 2010 einen Artikel in der *Süddeutschen Zeitung*[1] las, fing ich wieder an, über das Thema nachzudenken. Dieser Artikel führte mir erstmals das Ausmaß und die katastro-phalen Folgen der weltweiten Tierhaltung und der Überfischung vor Augen.

Da tauchten alle Argumente auf, die heute immer häufiger diskutiert werden: Die öko-nomische Verantwortung, die Tatsache, dass wir in unserer Überflussgesellschaft eine Wahl haben und nicht auf den Verzehr von Tieren angewiesen sind – also eine ethi-sche Verantwortung resultierend aus dem Wissen über die unvorstellbar grausame Praxis in der Tierhaltung, die sich auch durch den Kauf von Bio-Fleisch nicht vermeiden lässt.

Je stärker ich mich mit dem Status quo der Tierhaltung auseinandersetzte, mit den Arbeitsbedingungen der Angestellten und den kriminellen Praktiken der großen Kon-zern-Lobbys, umso mehr verging mir der Appetit auf Fleisch.

Es war keine Entscheidung von heute auf morgen, sondern ein Prozess. Die logische Konsequenz war für mich schließlich auch der Verzicht auf anderes Tierische wie Eier, Milch- und Lederprodukte.

Ich bin keine Dogmatikerin, die erst zufrie-den ist, wenn alle Menschen auf ihr Früh-stücksei verzichten. Ich wünsche mir schlicht-weg einen bewussteren Konsum in allen Bereichen: Nahrung, Kleidung, Kosmetik, Transport, ...

[1]   *Nicht Fisch! Nicht Fleisch!, Artikel von Petra Steinberger, SZ vom 09.01.2010*

– Sophias vegane Welt –

Was du – mein lieber Leser, meine liebe Leserin – gerne isst, sei dir überlassen, bei mir siehst du wie einfach, bunt und lecker es ist, tierfrei zu kochen.

Moment – eine Sache muss ich noch hinzufügen: Seit ich mich vegan ernähre, bin ich friedfertiger, gesünder, schlanker, leistungsfähiger und schöner – einfach damit du Bescheid weißt.

Aber wie ist das jetzt noch mal mit Sophias veganer Welt?

Anfang 2011 brachte mich eine Bekannte auf die Idee, meinen völlig verwahrlost durch mein Gehirn und soziale Netzwerke wabernden kreativen Output in einen Blog zu packen. Ich war erst skeptisch (*Diese Blogger, die nerven doch ...*) und fing dann einfach an.

Auf *www.oh-sophia.net* teilte ich alles mit der Welt, was mir gerade so in den Sinn kam, unter anderem auch Kochrezepte. Diese Rezepte erweckten die besondere Aufmerksamkeit meiner Leser, ich bekam Feedback, sehnsüchtige Anfragen, wo man denn mein Essen mal probieren könnte. Nach und nach wurde aus *Oh, Sophia* ein reiner Foodblog.

Im Frühjahr 2012 fing ich an, Dinner-Abende zu veranstalten. Die Leser wurden zu Gästen – zwischen 20 und 40 von ihnen bekochte ich mit der charmanten Hilfe wechselnder Schnippelboys. Jedes meiner 4-gängigen Menüs trug ein Motto, hier tobte ich mich aus:

Monochrome Dining, Ganz in weiß, Essen mit Händen, A Food Less Ordinary, Aph- *rodisiaka, Kindergeburtstag Reloaded, Die Grüne-Punkte-Krankheit, Fake It Easy, Herbalized, ...*

Ich kochte und entwickelte Rezepte, was das Zeug hielt und so wurde, neben meiner Tätigkeit als Journalistin und DJ, die Kulinarik zu einem richtigen Job, den ich über alles liebe.

Ich hatte das große Glück, schreiben und kochen verbinden zu können und verfasse seit 2012 die Koch-Kolumne „*Happa Happa*" für das Berliner Magazin *MITTESCHÖN*.

Die Idee ein Kochbuch zu machen schwirrte wie ein hungriger Kolibri heran.

Im Sommer 2013 hängte ich dann den glitzernden DJ-Mantel nach 10 Party-Jahren an den Nagel, wurde endgültig zum sonnengrüßenden Frühaufsteher und widmete mich noch intensiver der Betätigung am Herd.

Nun ist es also soweit: Du – liebe Leserin, lieber Leser – hältst mein erstes Kochbuch in den Händen.

Ich habe meine ganze Liebe hineingepackt und mit der Unterstützung eines tollen Teams und eines großartigen Verlags meine ganze bunte, gefälschte, ironische, lustige, verspielte, leckere, vegane Welt zwischen zwei Buchdeckel gepackt – schau dich um, koch etwas nach, tu dir was Gutes!

Viel Spaß, guten Appetit und *Happy Happa!*

Deine Sophia

Zutaten und Arbeitsmaterialien

Qualität setzt sich durch. Sowohl bei den Zutaten als auch bei den Küchenwerkzeugen.

Bei der Auswahl unserer Lebensmittel sollten wir unseren **5 Sinnen** vertrauen, Obst und Gemüse beschnuppern, betasten und beäugen. Immer zuerst zu Regionalem und Saisonalem greifen.

Bei verarbeiteten Produkten sollten wir uns die Mühe machen, die Inhaltsstoffe zu studieren und wenn uns etwas komisch vorkommt, sollten wir es überprüfen und gegebenenfalls darauf verzichten.

Lebensmittel müssen nicht entsorgt werden, weil das Mindesthaltbarkeitsdatum abgelaufen ist, dieses spricht lediglich eine Empfehlung aus *(ich spreche hier nicht für tierische Produkte)*. Manches lässt sich noch Wochen, Monate und Jahre nach Ablauf bedenkenlos verzehren. Wir leben in einer absurden Welt, in der sogar Salz mit einem MHD versehen wird. Vertrauen wir unseren Fähigkeiten verdorbenes Essen zu erkennen, wenn es nicht mehr gut riecht, schmeckt, fault oder schimmelt, sollten wir es kompostieren.

Die Kunst besteht darin nur so viel einzukaufen, wie wir benötigen. Woher rührt unsere permanente Angst zu verhungern, sobald ein Feiertag naht? Wir haben das Glück, gut versorgt zu sein.

Nach neuesten Untersuchungen soll **Agavensirup**, der in der veganen Küche als beliebter Honigersatz dient, noch ungesünder sein als weißer Zucker. Es gibt **alternative flüssige Süßungsmittel** wie **Kokosblüten-, Ahorn- oder Rübensirup sowie Apfeldicksaft**. Jedes hat einen gewissen Eigengeschmack, deshalb empfehle ich den persönlichen Favoriten ausfindig zu machen und überall, wo ich einfach **Sirup** verwende, nach persönlichem Belieben einzusetzen.

Immer mehr Menschen leiden an *Zöliakie*, so auch mein Freund, was mich dazu gebracht hat, mich verstärkt mit der glutenfreien Küche auseinanderzusetzen. Viele meiner Rezepte sind komplett glutenfrei, bei den Backrezepten führe ich **Xanthan** als Spezialzutat an. Dieses natürliche Verdickungs- und Bindemittel wirkt schon in kleinen Dosen Wunder. Erhältlich ist es in gut sortierten Bioläden oder im Online-Versand. Für alle Zöliaken – wie wir sie liebevoll nennen – eine lohnende Investition. **Glutenfreie Spezialmehle** gibt es mittlerweile in fast allen Drogeriemärkten.

Wer gerne und viel kocht, dem empfehle ich einen **leistungsstarken Mixer**. Nicht weil ich für eine bestimmte Marke Werbung machen möchte, sondern weil ich damit fantastische Ergebnisse erziele. Jahrelang habe ich mich mit mittelmäßigen Küchenmaschinen herumgeplagt, ich weiß, wovon ich spreche ...

Bei der Wahl der Küchenwerkzeuge empfehle ich darauf zu achten, dass sie **gut in der Hand liegen und etwas „können"**. Es muss nicht immer das Teuerste vom Teuersten sein, aber zwangsläufig sind hochpreisigere Produkte oft besser verarbeitet. Meine Tipps in diesem Zusammenhang lauten: *Geburstagsgeschenk, Sale und Outlet!*

Messer und Gemüseschäler sollten scharf sein, das **schont die Nerven und die Gelenke,** wenn auch nicht unbedingt die Fingerkuppen. Deshalb lieber langsam und vorsichtig schnippeln, als eine „Fleischeinlage" zu riskieren ...

Das Tassenprinzip

Ich besitze keine Küchenwaage. Denn ich brauche keine. Um Zutaten abzumessen, benutze ich einen Messbecher, kleine und große Löffel sowie eine Tasse.

Was ist das denn für eine Tasse?

Oft liest man ja in amerikanischen Kochbüchern von der Einheit **Cup** und auch bei uns gibt es die Cup-Maße mittlerweile in gut sortierten Haushaltsgeschäften zu kaufen.

Irgendwann stieß ich mal auf ein verstaubtes Familienrezept, in dem auch von einer Tasse die Rede war, ratlos fragte die meine allwissende Mutter. Sie erklärte mir, dass es sich bei den deutschen Tassenmaßen in alten Rezepten um diese kleinen Kaffeetassen handelt, die heutzutage, in Zeiten von Mugs und Riesenbechern, ziemlich aus der Mode gekommen sind. Solche Tassen, aus denen unsere Großmütter ihren Kaffee schlürften.

Fast jeder hat so ein kleines Porzellantässchen mit Blumendekor noch irgendwo herumstehen und wenn nicht, gibt es sie für wenig Geld beim Trödler um die Ecke zu kaufen.

Denn – und meine Vermutung sollte mich nicht trügen – **in Omas Tasse passt genauso viel wie in das amerikanische Cup-Maß.**

Ich habe die Probe aufs Exempel gemacht und alle kleinen Tassen, die ich finden konnte verglichen – bis auf ein paar Tropfen passte in alle die gleiche Menge Flüssigkeit, Nüsse, Mehl, Zucker, …

„Und die paar Tröpferl Unterschied machen das Kraut nicht fett" hatte meine bayerische Großmutter gesagt.

In diesem Sinne: **Hoch die Tassen, nieder mit der Waage!**

Warum Powerfood?

Unsere tägliche Ernährung hat einen elementaren Einfluss darauf, wie wir uns fühlen. Essen kann uns Kraft und Motivation geben, uns heilen oder uns ermatten und krank machen.

Wir entscheiden jeden Tag selbst, ob wir unserem Körper helfen, besser zu funktionieren oder ihm Schaden zufügen. Das, was uns als Wohltat für die Seele erscheinen mag, muss nicht unbedingt ein Segen für unseren Organismus sein.

Aber je besser wir Bescheid wissen und je stärker wir auf unseren Körper hören, desto wohler werden wir uns in ihm fühlen. Wir haben schließlich nur den einen.

Mit Anfang zwanzig habe ich einfach alles gegessen, worauf ich Lust hatte. Ich pflegte einen ungesunden Lebensstil mit viel Party, viel Alkohol und wenig Schlaf. Ab und zu aß ich alibimäßig etwas Salat, aber im Großen und Ganzen basierte meine Ernährung auf Pasta, Pizza, Gin Tonic und Schokolade.

– Warum Powerfood? –

Rückblickend betrachtet durchlief ich eine Trotzphase.

Meine Eltern hatten immer sehr auf gesunde, ausgewogene Ernährung geachtet und natürlich hielten mit dem Auszug von Zuhause alle dort verpönten Convenience-Produkte Einzug in den Küchenschrank.

Ich trällerte den Song „*Himbeereis zum Frühstück – Rock'n'Roll im Fahrstuhl*" meiner Namensvettern, des Schlager-Duos *Hoffmann & Hoffmann*, und machte mir wenig bis keine Gedanken.

Außer wenn ich ein paar Kilos zu viel auf die Waage brachte, dann hungerte ich tagelang und nahm auch schon mal Abführmittel. Junge Frauen am Rande der Essstörung …

Als ich mich für eine DJ- und Veranstalter-Karriere im Nachtleben entschied und die Nächte meine Tage wurden, merkte ich schnell, dass ich mehr Vitamine zu mir nehmen musste, um Schadensbegrenzung zu betreiben, mein Immunsystem war erbärmlich, ich war permanent krank.

So fing ich an, mir frische Säfte zu pressen und mittags Salat zu essen – statt Pizza Quattro Formaggi bestellte ich Pizza Rucola.

Erstaunlicherweise sank mit jedem Bissen Gemüse meine Lust auf Junkfood. Mein Körper lernte und signalisierte mir, was ihm guttat und was nicht.

Oder hörte ich ihm einfach nur das erste Mal zu und ließ seine verzweifelten Schreie nicht mehr in den dunklen Ecken verrauchter Nachtclubs verhallen?

Seitdem ist viel passiert. Ich habe den Clubs den Rücken gekehrt, anstelle der Plattenspieler des DJ-Pults sind die Herdplatten getreten. Auf meinem Balkon wachsen rote, gelbe und gestreifte Bete, zweierlei Karotten und frische Kräuter, aus denen ich grüne Smoothies mixe.

Ich bin verliebt in Gemüse. Jeden Tag aufs Neue. Manchmal, in unbeobachteten Momenten, rede ich mit Radieschen und begrüße die neuen Kartoffeln im Bioladen mit einem herzlichen „*Schön euch zu sehen!*".

Mein erstes Kapitel widmet sich zweierlei Powerfood

Den Superfoods und den Seelenstreichlern. Im Idealfall vereinen die Rezepte beide Eigenschaften.

Unter Superfoods versteht man Lebensmittel, die über einen besonders hohen und konzentrierten Anteil an wertvollen Inhaltsstoffen verfügen. Diese Inhaltsstoffe wie Vitamine, Mineralien und pflanzliche Proteine sind besonders gut und förderlich für unsere Gesundheit. Sie steigern unsere Leistungs- und Konzentrationsfähigkeit, kurbeln unsere Libido an und sind beim Entgiften des Körpers behilflich. Jeder Kulturkreis kennt solche Superfoods und so erscheinen uns manche vertrauter und einige eher exotisch.

Klingt fantastisch und so lautet die berechtigte Frage: Wieso ernähren wir uns nicht nur noch ausschließlich von Superfoods?

Die Gründe liegen auf der Hand: Erstens sind diese Lebensmittel oft wesentlich teurer als herkömmliche Grundnahrungsmittel, zweitens sind einige so geschmacks- und

– Warum Powerfood? –

wirkungsintensiv, dass sie nur in kleinen Dosen genossen werden können und sollten. Superfoods sind also mehr so etwas wie ein gesundes Extra, eine Nahrungsergänzung.

Es gibt viele Unterkategorien, in die sich die Food-Champions unterteilen lassen:

Saaten, Grünzeug, Früchte, Nüsse, Wurzeln, Gewürze, ... Diese begegnen dem Leser auf den folgenden Seiten in Gestalt von Avocado, Kokosöl, Ingwer, Kräutern, Sprossen, Sesam, Walnüssen, Cayennepfeffer, ...

Seelenstreichler sind Gerichte, die uns trösten und uns Liebe schenken, weil sie weich sind, warm und süß. Oder weil sie uns aufheitern und zum Staunen bringen durch ihre Farben- und Aromenvielfalt.

So wie der Gesund-Werd-Brei oder das Grüne Sandwich.

Augen auf, Mund auf – reinbeißen!

15

Sophias Aufwach-Schmusi

Grüne Smoothies sind in aller Munde. Zu recht, sind sie doch ein wahrer Energie-Booster, vollgepackt mit essentiellen Aminosäuren, Vitaminen, Spurenelementen, Mineralien und Antioxidantien. Sie stärken das Immunsystem, das im grünen Blattgemüse enthaltene Chlorophyll wirkt gegen Giftstoffe im Körper, ist entzündungshemmend und pflegt den Darm.

Das Prinzip ist simpel: Nie würden wir es schaffen so große Mengen Obst und Grünzeug auf einmal zu verzehren wie in flüssiger Form. Der Mixer machts erst möglich. Konzentrierte Gesundheitspflege sozusagen.

Im Grunde kann man so ziemlich alles klein mixen. Als Faustregel gilt: Das Verhältnis von Obst und Grünzeug sollte 50:50 sein. Süße Früchte wie Bananen, Pfirsiche und Datteln nehmen dem Drink die Bitterkeit. Bei meinem absoluten Lieblingsrezept sorgt Avocado für eine cremige Konsistenz und frische Kräuter vertreiben jede Morgenmuffligkeit! Experten empfehlen übrigens Smoothies zu kauen, sprechen auch von einspeicheln der Flüssigkeit im Mund. Klingt eklig, hat aber, vereinfacht ausgedrückt, den Hintergrund, dass der Magen checkt, dass jetzt was zum verdauen kommt. Wir müssen ja alle erst einmal aufwachen in der Früh ...

👤 *1 großes Glas*
🕐 *10 Min.*

⊘ *glutenfrei*

½ reife Avocado
½ Orange
ein Stück frischer Ingwer
    (geschält)
1 kleiner Apfel
jeweils eine Handvoll Basilikum,
    Minze und frischer Spinat
    (gut gewaschen!)
einige Blätter Melisse
1 Glas Kokoswasser (0,2 l)

Zubereitung

Die Avocado mit einem scharfen Messer teilen. Das Fruchtfleisch mithilfe eines Esslöffels aus der Schale lösen. Die halbe Orange und den Ingwer schälen.

Alle Zutaten in einen leistungsstarken Mixer geben, die härtesten Zutaten zuerst, die weichen und die Flüssigkeit zuletzt.

Das Ganze schön durchmixen, bis ein cremiger Smoothie entsteht.

Schluck für Schluck genießen.

Gemüsenudeln mit Radieschenpesto

Huch, die Nudeln sind aus Gemüse und das Pesto aus Radieschen.

Genauer gesagt nicht aus der prallen, roten Knolle des niedlichen Kreuzblütengewächses, sondern aus dessen Kraut, das normalerweise vernachlässigt und als nutzlos betrachtet auf dem Kompost landet.

Zu Unrecht, besticht es doch durch einen nussigen-frischen Geschmack, der hervorragend zur Pasta passt. Wer einmal Gemüsenudeln gekostet hat, wird süchtig, egal ob zum Kohlenhydrate-Sparen oder weil es lecker schmeckt – rohe Gemüsenudeln sind eine hervorragende Alternative zum Hartweizen-Standard, besonders bei heißen Temperaturen oder Glutenunverträglichkeit.

👤 *2 Personen*
🕐 *30 Min.*

✓ *glutenfrei*

1 große Karotte
1 Mairübchen
1 Zucchini
Salz
1 Bund Radieschen mit schönen knackigen Blättern
1 Tasse Cashewkerne

4 EL hochwertiges Olivenöl
2 EL Zitronensaft
1 Knoblauchzehe
Pfeffer

Zubereitung

Die Karotte und das Mairübchen schälen, die Zucchini waschen. Das Gemüse mithilfe eines Spiralschneiders oder eines Sparschälers in Spiralen oder lange Streifen in Nudelform schneiden.

In eine Schüssel geben und 1 TL Salz darüber geben, mit den Händen kräftig einmassieren. Für etwa 20 Minuten zur Seite stellen.

Das Kraut von den Radieschen lösen und gründlich waschen *(Die Radieschen für etwas anderes verwenden oder einfach so wegnaschen).* Zusammen mit den Cashewkernen, dem Olivenöl, dem Zitronensaft und der geschälten Knoblauchzehe in einen Mixer geben. Alle Zutaten zu einem sämigen Pesto zerkleinern und mit Salz und Pfeffer abschmecken.

Falls sich in der Gemüseschüssel Wasser abgesetzt hat, dieses vorsichtig abgießen und anschließend das Pesto mit dem Gemüse vermischen.

Nach Belieben mit ein paar gehackten Cashewkernen bestreuen.

White Krauts

Im Asia-Imbiss unseres Vertrauens haben die leichten Sommerrollen mittlerweile ihre fettigen Brüder, die frittierten Frühlingsrollen, spielend leicht verdrängt. In durchscheinendes Reispapier gewickelt, werden sie kalt genossen, wie der Name schon sagt, gerne im Sommer. Es ist nicht nur einfach sie selbst herzustellen, nein, es macht auch noch unheimlich Spaß.

Diese helle Rolle servierte ich meinen Gästen als *Amuse-Gueule* eines „Ganz in weiß"-Dinners, bei dem alle Gerichte in der Farbe der Unschuld leuchteten.

Anstatt der typischen Glasnudel-Füllung habe ich ihnen ein Stück traditioneller deutscher Küche angedeihen lassen: frisches Sauerkraut. Roh und asiatisch gewürzt, das tut ihm gut.

Und uns auch, denn Sauerkraut ist irre gesund, gerade in der kalten, kargen Jahreszeit dient es seit jeher als wichtiger Vitamin C-Lieferant. Außerdem versorgt es uns mit Kalium, Kalzium, Eisen und Ballaststoffen. Es wirkt verdauungsfördernd und soll vor Krebs schützen.

Viele Bioläden und Märkte bieten rohes Sauerkraut an, ich habe im Winter immer eine kleine Dose voll im Kühlschrank – nicht umsonst lautet ein antikes Sprichwort: *„Der beste Krautesser wird am ältesten!"*

👤 *ca. 10 Rollen*
🕐 *30 Min.*

⊘ *glutenfrei*

1 Tasse frisches Sauerkraut
2 Tassen Sprossen (z. B. Soja,
    Mungbohne, Alfalfa)
1 EL Sojasauce (ich verwende
    Tamari, die ist **glutenfrei**)
2 EL Sirup
1 EL Sesamöl
2 EL Sesamsamen
10 Reispapierblätter (aus dem
    Asia-Supermarkt)

– White Krauts –

1

2

3

– White Krauts –

Zubereitung

Das Sauerkraut mit den Sprossen in eine Schüssel geben. Die Gewürzzutaten Sojasauce, Sirup, Sesamöl und Sesamsamen dazugeben und alles mit den Händen gut vermengen.

Einen großen, tiefen Teller oder eine tiefe Pfanne mit warmem Wasser füllen.

Ein Reisblatt nehmen und mit beiden Händen unter Wasser drücken, sodass es gleichmäßig durchweichen kann. Je nach Wassertemperatur dauert das 30 Sekunden bis 1 Minute.

Das schlabbrige Reisblatt vorsichtig auf einen großen, flachen Teller geben, der als Roll-Unterlage dient. Das Reispapier mit den Fingern glatt streichen.

Etwa die Hälfte einer Banane von der Sauerkraut-Sprossenmasse als Füllung zentral auf dem Reisblatt platzieren. Die Seiten nach innen schlagen, glatt streichen.

Übung, aber keine Angst, auch die locker gerollten kleben gut zusammen und schmecken gut!

Vor dem Servieren circa 20 Minuten trocknen lassen, dann sind sie so stabil, dass sie auch bedenkenlos jongliert werden können.

Als Dip empfehle ich rote oder grüne Chilisauce aus dem Asia-Supermarkt, die ich mit Reisessig, Kokosblütensirup und Limettensaft abschmecke.

Den unteren Teil des Reispapiers über die Füllung schlagen und mit Druck eng nach oben aufrollen. Das erfordert etwas

Melonen-Rucola-Minz-Salat

Der Melonen-Salat ist eine meiner absoluten Sommer-Lieblings-Mahlzeiten, genau dann, wenn mir gleichzeitig nach frischem Obst aber auch nach etwas Deftigem zumute ist. Frisch-fruchtig-würzig-nussig-herrlich-leicht-gesund!

👤 *2 Personen*
🕐 *15 Min.*

⊘ *glutenfrei*

200 g Melone nach Geschmack
    und Verfügbarkeit
2 Handvoll Rucola
1 kleiner Strauß frische Minze
4 EL Sirup
2 EL Himbeer- oder Apfelessig
1 Handvoll Walnusskerne,
    gehackt
Pfeffer
Salz

Zubereitung

Die Melone in mundgerechte Stücke schneiden. Besonders hübsch sieht es aus, wenn man grafische Formen wie Dreiecke oder Rauten ausschneidet oder mithilfe eines Kugelausstechers kleine Bällchen aussticht.

Den Rucola und die Minze waschen. Minzblätter von den Stielen ablösen und grob hacken.

Sirup und Essig zu einem cremigen Dressing verrühren.

Die Walnüsse in einer Pfanne ohne Fett leicht anrösten.

Melone, Rucola, Nüsse und Dressing in einer großen Schüssel vermengen, mit Salz und Pfeffer abschmecken.

Grünes Sandwich

Grün gilt als Farbe der Hoffnung. Dieser Snack macht hoffentlich satt und ist dabei sehr gesund.

👤 *1 Laib*
🕐 *60 Min.*

1. Grundrezept Grünes Brot

1 Päckchen Trockenhefe oder
    1 Würfel frische Hefe
2 EL Sirup
200 g TK-Blattspinat oder
    3 Handvoll frischen, gut
    gewaschenen Spinat
350 g Weizen- oder Dinkelmehl
    (z. B. 175 g helles und 175 g
    Vollkornmehl)

2 TL Salz
2 EL Rapsöl
100 ml lauwarmes Wasser
nach Belieben (grüne) Brot-
    zutaten wie Kürbiskerne,
    Pistazien, Hanfsamen …

Zubereitung Grünes Brot

Die Hefe in eine kleine Schüssel geben. Handelt es sich um frische Hefe, diese gegebenenfalls mit den Fingern zerbröseln.

Den Sirup dazu und mit der Gabel umrühren, bis sich die Hefe komplett aufgelöst hat und eine cremige Masse entsteht.

Den Blattspinat in der Küchenmaschine zerkleinern. Man kann auch pürierten Tiefkühlspinat verwenden, sofern dieser keine Zusätze wie Sahne oder Würzzutaten enthält.

Mehl und Salz in eine Rührschüssel geben. In der Mitte eine Mulde machen, Öl und Wasser hineingeben. Den Spinat und die Hefecreme dazugeben und alle Zutaten mit den Knethaken des Handrührers gut durchmengen.

Anschließend auf einer bemehlten Fläche einige Minuten kräftig durchkneten, bis der Teig elastisch ist. Unter einem sauberen Geschirrtuch 30 Minuten gehen lassen.

Den Backofen auf 200 Grad (Umluft 180 Grad) vorheizen.

Den Teig noch einmal auf einer bemehlten Fläche durchkneten, dabei Nüsse, Kerne und Samen einarbeiten. Einen Brotlaib formen und diesen in eine leicht geölte und bemehlte Kastenform packen.

35–40 Minuten backen, bis sich oben eine knusprige braun-grünliche Kruste bildet.

Nach 35 Minuten mit einem Schaschlik-Spieß prüfen, ob das Brot schon durch ist. Bleibt kein Teig mehr am Holz hängen, darf es das Backrohr verlassen.

– Grünes Sandwich –

4 Personen

2. Sandwichbelag

2 reife Avocados
etwas Zitronensaft
Salz
Pfeffer
nach Belieben Cayennepfeffer
1 grüne Tomate
1 Handvoll frischen, gewa-

schenen Blattspinat oder
anderen Salat
½ Glas Pesto Verde (veganes
Pesto ohne Parmesan)
2 Handvoll Sprossen,
gewaschen
½ Gurke, in feine Streifen
gehobelt

Zubereitung Sandwiches

Das abgekühlte grüne Brot in dicke Scheiben schneiden. Noch besser geht das,
wenn es am Vorabend gebacken wurde,
ist es ganz frisch, kann es ordentlich krü-
meln. Pro Nase – beziehungsweise Mund –
sollte man 3 Scheiben rechnen.

Die Avocados teilen, mithilfe eines scharfen Messers den Kern aufspießen und
durch leichtes Ruckeln herausziehen. Das
Fruchtfleisch mit einem Esslöffel aus den
Schalen lösen, in eine Schüssel geben und
mit einer Gabel grob zerdrücken. Etwas
Zitronensaft darüberträufeln und mit Salz
und Pfeffer würzen. Wer es schärfer mag,
kann auch Cayennepfeffer dazugeben.

Die Tomate waschen und in Scheiben schneiden.

Die Brotscheiben im Toaster oder Kontakt-
grill goldbraun rösten.

Die erste Brotscheibe mit Avocadocreme
bestreichen, Gurkenscheiben darauf, dann
wieder Brotscheibe, Avocadocreme, Salat,
Brotscheibe, Pesto, Sprossen. Oder so ähnlich. Wichtig ist lediglich, dass die Sandwiches am Ende so belegt sind, dass man
sie gerade noch mit zwei Händen halten
kann!

Detox Berg

„Uhhh Baby I like it raw, yeah, Baby I like it raw" sang der Rapper Ol' Dirty Bastard im Jahre 1995 auf seinem legendären Solo-Album *Return to the 36 Chambers*. Dass er damit rohköstliche Ernährung meinte, ist aber eher unwahrscheinlich.

Der Trend, sich ausschließlich von rohen Nahrungsmitteln zu ernähren, schwappt derzeit aus Amerika zu uns nach Deutschland. Die Verdauung und das Immunsystem sollen durch *„raw food"* entlastet bzw. gestärkt werden. Das Erhitzen der Nahrungsmittel ist bis 42 °C erlaubt, da Vitamine, ungesättigte Fettsäuren, Eiweiß und Enzyme erst über dieser Temperaturgrenze zerstört werden. Mit Techniken wie Dörren, Fermentieren und Keimen bringt man Abwechslung auf den *„raw food"* Speiseplan.

👤 2 Personen
🕐 15 Min.

✓ glutenfrei

400 g Grünzeug (Spinat, Pflücksalat, Rucola, Wildkräuter, ...)
2 Tomaten
1 große Karotte
1 Apfel
1 Topinambur
1 Avocado
1 Kohlrabi
1 Rote Bete
1 Tasse Sprossen (Kresse, Radieschensprossen, Rettichsprossen ...)
4 EL (schwarzes) Tahini (Sesampaste)
2 EL Zitronensaft
1 Knoblauchzehe
evtl. etwas Wasser zum Verdünnen
Salz
Pfeffer
eine Handvoll Kerne und Samen, ungeröstet (*im Bild Urwalderdnüsse*)

Zubereitung

Das Grünzeug waschen. Die Tomaten waschen und in Scheiben schneiden. Karotte und Apfel gründlich abwaschen, die Karotte zusätzlich mit einer Gemüsebürste abschrubbeln und mit einem Sparschäler zu feinen Streifen verarbeiten.

Tobinambur in dünne Scheiben schneiden. Den Apfel entkernen und in dünne Scheiben schneiden. Die Avocado teilen, den Kern entfernen und das Fruchtfleisch mit einem kleinen Messer in der Schale in dünne Streifen schneiden, diese mit einem Esslöffel vorsichtig herauslösen. Kohlrabi und Rote Bete (*Handschuhe helfen gegen „blutige" Hände*) schälen und mit einer Gemüsereibe in Streifen oder dünne Scheiben raspeln.

Die Sprossen behutsam in einem Sieb waschen und auf einem Küchenkrepp abtropfen lassen.

Die Sesampaste mit dem Zitronensaft verrühren, die geschälte Knoblauchzehe mit einer Presse dazudrücken, gegebenenfalls mit etwas Wasser verdünnen und mit Salz und Pfeffer abschmecken. Die Salatzutaten in eine große oder zwei mittelgroße Schüsseln geben, mit den Kernen oder Samen bestreuen und mit der Sauce übergießen.

Rosa Gesund-Werd-Brei

Als Kind hasste ich nichts mehr als krank zu sein. Selbst die Aussicht auf vermehrten Fernseh-Konsum stimmte mich nicht froh, ich weinte vor Wut, wenn ich nicht in die Schule gehen durfte *(das sollte sich mit Beginn der Pubertät noch ändern ...)*.

Ein sicheres Anzeichen baldiger Gesundung war stets der Zeitpunkt, an dem meine Mutter mich mit Grießbrei versorgte. Mit einem Batzen Butter und Zimt-Zucker.

Bis heute kann ich ohne Grießbrei nicht gesund werden und habe ihn mir auch schon einige Male im Fieberwahn selbst zubereitet, in der Hoffnung er möge die Genesung beschleunigen. Ich bin mir sicher das tut er!

Hier eine veganisierte Version mit Kokosöl, dessen Geschmack fantastisch zu den Himbeeren passt!

👤 *1 Person*
🕐 *15 Min.*

☑ *glutenfrei*

125 g Himbeeren (frisch oder TK), plus ein paar zum Garnieren
2 Tassen Soja-, Reis- oder Mandelmilch
5 EL Grieß
3 EL Zucker
2 EL Kokosöl

etwas Zimt-Zucker
für die **glutenfreie** Variante verwende ich statt Weizengrieß einfach Maisgrieß

Zubereitung

Die Himbeeren zusammen mit der Milch im Mixer zerkleinern.

Die Himbeermilch in einem kleinen Topf unter stetigem Umrühren auf mittlerer Stufe erhitzen. Wenn die Flüssigkeit kurz vorm Kochen ist, den Grieß und den Zucker dazugeben, kräftig umrühren und kurz aufkochen lassen. Rühren, rühren, rühren.

Das Kokosöl dazugeben und im Brei schmelzen lassen.

Etwas abkühlen lassen, in einem tiefen Teller anrichten und nach Belieben mit Zimt-Zucker und ein paar frischen Himbeeren dekorieren.

Huch, das ist ja vegan!

Was der Bauer nicht kennt,
frisst er nicht.

– Sprichwort –

In etwas vornehmeres Ernährungshoch-
deutsch übersetzt könnte dieses Sprichwort
lauten: Was dem Koch fremd erscheint, das
schätzt er als kompliziert ein.

Es gibt hundert und ein Vorurteil gegen-
über der veganen Küche. Eines der häufig-
sten lautet: Das ist doch schrecklich auf-
wendig.

Völliger Blödsinn. Es gilt lediglich zwei ele-
mentare Regeln zu beachten:

Weglassen und Umdenken.

Wir leben im Überfluss. Alles ist ständig verfügbar. Dies wird vor allem bei tierischen
Produkten deutlich. Eier, Milch und Butter
verkochen und verbacken wir in rauen
Mengen.

Manchmal schmeißen wir diese Lebensmittel auch weg, weil wir so viel davon einge-
kauft haben, dass wir gar nicht alles essen
können.

– Huch, das ist ja vegan! –

Was passiert, wenn wir den Kuchen ohne Eier backen? Statt Milch, Wasser in den Teig rühren und die Butter durch Kokosöl ersetzen? Der Kuchen gelingt trotzdem und noch viel besser – er schmeckt.

Genauso verbreitet wie der Glaube auf Fleisch zu verzichten würde der Gesundheit schaden, ist die Annahme, dass man nur unter Einsatz von Tierprodukten lecker und sättigend kochen kann.

Hier beginnt das Umdenken. Man muss nur ein paar Grundregeln verinnerlichen, einige Zutaten ersetzen und sich von der Erwartung auf das klassische Fleisch-Kohlenhydrate-Gemüse-Gedeck lösen.

Wenn ich eine vegane Hauptmahlzeit koche, fange ich beim Gemüse bzw. beim Salat an. Dann überlege ich mir einen „Sattmacher" (Hülsenfrüchte, Reis, Getreide, Kartoffeln), der dazu passt.

Ich verwende vielfältige Geschmackszutaten, die ich immer zuhause habe. Ich erwarte nicht, dass jeder Leser so kochverrückt ist wie ich und all das vorrätig hat, aber ich rate, ein paar Favoriten herauszupicken – viele davon finden sich auch in meinen Rezepten wieder:

frische und getrocknete Kräuter und Blüten
Basilikum, Oregano, Thymian, Petersilie, Dill, Melisse, Verbene, Rosmarin, Lavendel, Rosenblätter, Kornblumen, Erika, Jasmin, ...

Gewürze
Muskat, Piment, Masala, Kümmel, Nelke, Anis, Zimt, Vanille, Kurkuma, ...

Pfeffer
fruchtiger Kubebenpfeffer, nussiger Tellicherrypfeffer, milder weißer Pfeffer, ...

Knoblauch (jung)

Nüsse
Walnüsse, Haselnüsse, Erdnüsse, Cashewkerne, Kürbiskerne, Pistazien, Mandeln, ...

Samen
Hanfsamen, Chiasamen, Sesamsamen, ...

Sprossen
Alfalfa, Mungo, Kresse, Radieschen, ...

Öle
Rapsöl, Sonnenblumenöl, Olivenöl, Arganöl, Mandelöl, Hanföl, Leinöl, Kokosöl, ...

Senf
süßer, scharfer, mittelscharfer und Senf mit Gewürzzutaten wie Estragon, ...

Misopaste
japanische Würzpaste aus Sojabohnen, Reis oder Gerste

Wasabipaste
ultrascharfe Würze aus japanischem Wassermeerrettich

Pesto
gibt es auch vegan ohne Parmesan

Chutney
gekaufte oder selbst gemachte herzhafte „Marmelade" mit Gewürzen, ...

Ingwer (eingelegt)

getrocknete Früchte
Datteln, Cranberries, Goji-Beeren, Rosinen, Aprikosen, Tomaten, ...

Natürlich verwende ich auch Tofu und sogenannte Surrogatprodukte aus Soja, Weizen, Reis und anderen Getreiden. Aber in Maßen. Sie sind keine Eckpfeiler meiner Küche.

Wenn ich Lust darauf habe, esse ich vegane Wurst, Käse oder Joghurt. Warum Fleischesser darüber lachen, verstehe ich

– Huch, das ist ja vegan! –

bis heute nicht. Wir sind alle Gewohnheitstiere, ich habe nicht aufgehört „echte" Würste zu essen, weil sie mir nicht mehr schmeckten, sondern aus Rücksicht auf die Tiere. Wenn's schmeckt – warum nicht. Und das tut es zum Glück immer öfter ...

Vegane Ernährung – ist das nicht teuer?

Vor ein paar Jahren habe ich aufgehört beim Lebensmitteleinkauf zu sparen.

Glaube mir, ich bin nicht reich, ich lebe als freie Journalistin in Berlin, aber ich kaufe mit Bedacht ein. Ich achte auf die Lagerung meiner Lebensmittel und darauf alles zu verwerten.

Vor Jahren jammerte ich einer Freundin vor, meine Yogastunden seien ja ach-so-teuer. Da entgegnete sie:

„Und jetzt denk mal drüber nach, wie viel Geld du in deinem Leben schon für Longdrinks hingeblättert hast ohne mit der Wimper zu zucken! So viel sollte dir dein Wohlbefinden schon wert sein!"

In diesem Sinne: Weniger ist mehr. Und mehr ist weniger. Manchmal zumindest.

Karotten-Mandel-Suppe mit Süßkartoffel-Chips

Goethe beschreibt die Wirkung der Farbe Orange in seinen Schriften zur Farbenlehre als „edel". Ich erlaube mir dieses Prädikat ohne großes Tamtam für meine Suppe zu übernehmen.

Man nehme die Mandel: Sie gehört zur Familie der Rosengewächse und trägt herrliche Blüten. Mandelöl ist als Pflegemittel für Säuglinge gleichermaßen beliebt wie für Flöten. Marc Almond *(englisch = Mandel)* war in den 1980er Jahren Sänger der Band *Soft Cell*, er landete mit *Tainted Love* einen Welthit, den *Marilyn Manson* 2001 coverte, bevor er sich in die schöne *Dita von Teese* verliebte, deren Schönheitsgeheimnis rohe Mandeln sind …

👤 *4 Personen*
🕐 *60 Min.*

✓ *glutenfrei*

1 mittelgroße Süßkartoffel
6 Karotten
Sonnenblumenöl
¼ Sellerieknolle
1 Knoblauchzehe
Zimt
Muskatnuss

Pfeffer
½ Tasse gemahlene Mandeln
1 Tasse Gemüsebrühe
1 Beutel Fencheltee, in einer
   Tasse aufgebrüht
grobes Meersalz

Zubereitung

Den Backofen auf 200 Grad (Umluft 180 Grad) vorheizen.

Die Süßkartoffel und die Karotten mit einer Gemüsebürste und Wasser abschrubben. Die Süßkartoffel mit einer Gemüsereibe in dünne Streifen schneiden. Ein Backblech einölen und die Scheiben darauf verteilen. Ab in den Ofen.

Die Karotten, den Sellerie und die Knoblauchzehe schälen und in grobe Stücke schneiden. Das Gemüse mit einem Schuss Sonnenblumenöl in einen großen Topf geben, eine Prise Zimt, Muskat und Pfeffer dazu und bei mittlerer Hitze anschwitzen lassen, sodass sich die Röstaromen gemütlich entfalten.

Die gemahlenen Mandeln dazugeben und kurz mit rösten. Sobald eine leichte Bräune entsteht, mit Gemüsebrühe und Fencheltee begießen und bei geschlossenem Deckel etwa 15 Minuten leicht köcheln lassen.

In der Zwischenzeit die Süßkartoffel-Chips begutachten und mit einer Bratschaufel wenden, dass sie von allen Seiten knusprig werden. Aus dem Ofen nehmen und mit grobem Salz bestreuen.

Wenn Karotten und Co. weich sind, die Suppe vom Herd nehmen, kurz abkühlen lassen und dann mit dem Pürierstab bearbeiten.

Abschmecken und mit den Süßkartoffel-Chips servieren.

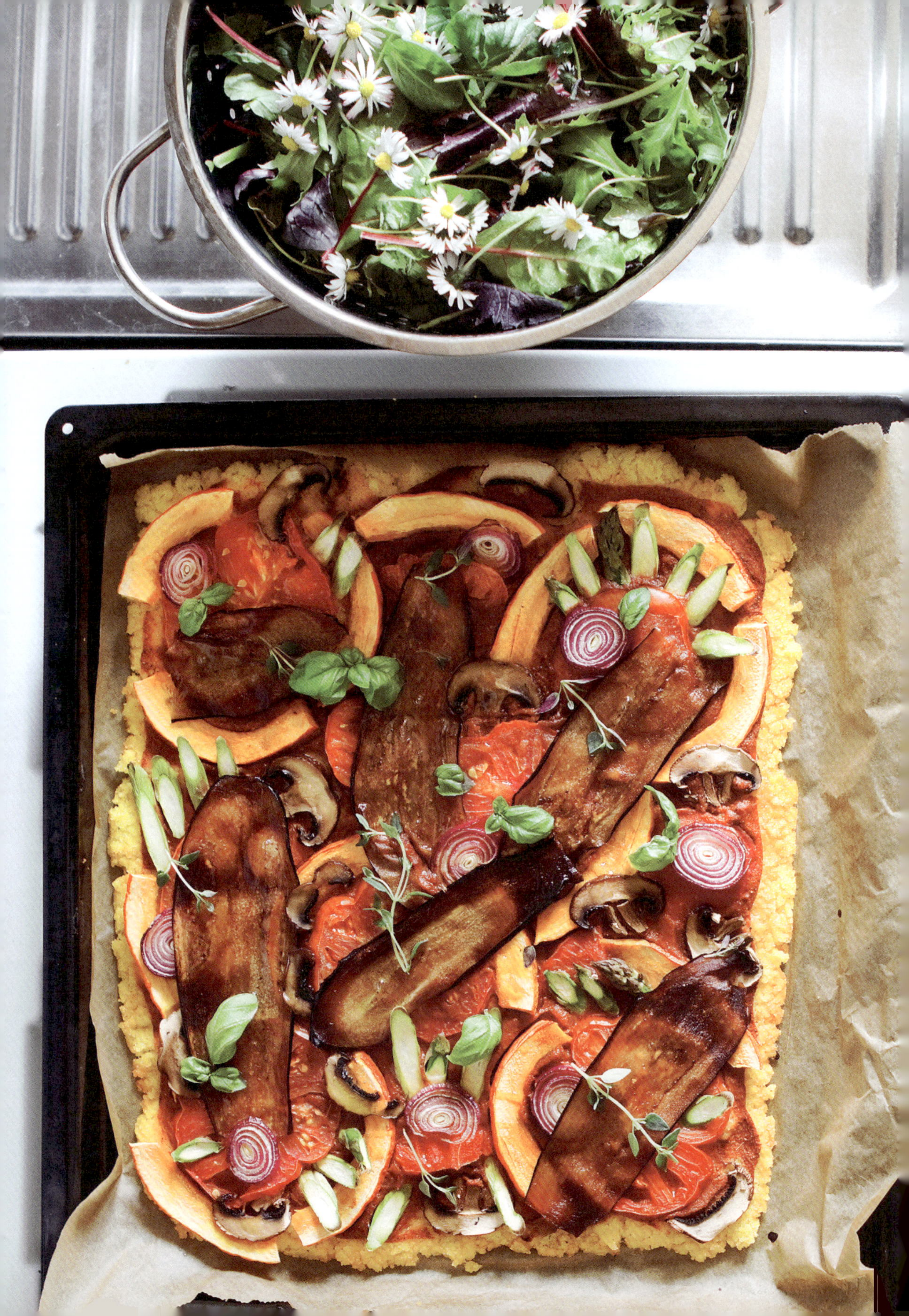

Polenta-Gemüse-Pizza

Die Idee Polenta als Pizzaboden zu verwenden, entstand, um aus der Not eine Delikatesse zu machen. Da mein Freund eine schwere Glutenunverträglichkeit hat, können wir keinen herkömmlichen Weizen-Hefeteig verwenden, wenn wir Lust auf gemeinsames Pizzabacken haben.

Da man zur Herstellung eines wirklich leckeren glutenfreien Teiges verschiedenste Spezialzutaten benötigt, bietet Maisgrieß eine unkomplizierte Alternative. Mit verschiedensten Gemüsen als Belag kann man wahre Bilder malen, der Fantasie sind keine Grenzen gesetzt.

👤 1 Blech
🕐 60 Min.

⊘ glutenfrei

800 ml Wasser
2 gehäufte EL Instant Gemüse-
    brühe
Salz
300 g Polenta-Grieß (Minuten-
    Polenta)
Olivenöl
Muskatnuss
Gemüse für den Belag, z. B.:
    4 große Champignons
    1 Stange grüner Spargel

1 große Ochsenherz-
    tomate
½ dünn geschnittene
    Aubergine
1 kleine rote Zwiebel
¼ Hokkaido Kürbis
250 g passierte Tomaten
2 Knoblauchzehen
je 1 Handvoll frischer Basilikum,
    Thymian, Oregano

Zubereitung

Das Wasser in einem mittelgroßen Topf erhitzen. Sobald es kocht, die Gemüsebrühe, 2 TL Salz und die Polenta mit einem Schneebesen zügig in das Wasser einrühren und kurz aufkochen lassen.

Einen Schuss Olivenöl und etwas geriebene Muskatnuss unterrühren und bei Bedarf etwas nachsalzen. Mithilfe eines Teigschabers auf ein mit Backpapier ausgelegtes Backblech streichen.

Sollte die Polenta-Masse zu sehr kleben, etwas Wasser darauf verteilen, dann lässt sie sich besser ausstreichen. Den Backofen auf 200 Grad (Umluft 180 Grad) vorheizen.

In der Zwischenzeit das Gemüse waschen und in dünne Scheiben schneiden. Die passierten Tomaten zusammen

mit den geschälten Knoblauchzehen, der Hälfte der frischen Kräuter und 2 EL Olivenöl in den Mixer geben und zu einer sämigen Tomatensauce pürieren.

Die Sauce auf dem Polentaboden verteilen und darauf das Gemüse platzieren. Ich versuche immer die Pizza wie ein Bild und das Gemüse wie Farben zu behandeln – male mit dem Gemüse!

Die Pizza im vorgeheizten Ofen etwa 30 Minuten backen, bis der Rand schön knusprig ist und das Gemüse durchgezogen, aber noch saftig ist.

Vor dem Servieren mit frischen Kräutern bestreuen und mit Olivenöl beträufeln.

HUCH, VEGAN!

Die schnellste und beste
Linsensuppe der Welt

Wer sich – abgesehen von den beim Fahrradfahren verschluckten Fliegen – komplett tierfrei ernährt, der muss vor allem darauf achten genug pflanzliches Eiweiß zu sich zu nehmen, etwa in Form von Hülsenfrüchten. Linsen haben einen besonders hohen Eiweißgehalt. Zum Vergleich:

100 Gramm Naturschnitzel vom Schwein enthält 22 Gramm Eiweiß

100 Gramm rote Linsen enthalten 25,5 Gramm Eiweiß

In diesem Rezept gibt es die tolle Linse im Dreigestirn mit Spinat und Kokosmilch. Kokosmilch gilt als schneller Energielieferant, der sich, im Gegensatz zu anderen Fetten, kaum im Fettgewebe einlagert. Sie soll außerdem auch noch gegen Akne helfen und findet bei vielen Naturvölkern Einsatz als hautverträgliches Gleitmittel! *Coco Loco!*

👤 *2 Personen oder ein ausgehungerter Riese*
🕐 *20 Min.*

⊘ *glutenfrei*

250 g rote oder/und gelbe Linsen
200 g frischer oder TK Blattspinat
400 g Kokosmilch (1 Dose)
Salz
Pfeffer
Gemüsebrühe
nach Belieben: Currypulver, (Kreuz)Kümmel, Cayennepfeffer, Fenchelsamen, Kardamom

Zubereitung

Die Linsen in einem Sieb unter fließendem Wasser gründlich abwaschen. Rote und gelbe Linsen haben etwa die gleiche Kochzeit, man kann sie also getrost mischen.

Mit der doppelten Menge Wasser in einem mittelgroßen Topf zum Kochen bringen und anschließend mit Deckel auf niedriger Flamme 10 Minuten köcheln lassen.

Inzwischen den Spinat gründlich waschen, sonst erwartet euch später ein unfreiwilliges Zahnschmelz-Peeling.

Die Kokosmilch und den abgetropften Spinat zu den Linsen geben, 3 bis 5 Minuten weiterköcheln lassen, falls die Suppe zu dick ist, noch etwas Wasser dazugeben. Ordentlich würzen, bis die Suppe exotisch und fantastisch mundet.

Zweierlei Ravioli
mit farblich korrespondierender Füllung

Gefüllte Pasta selbst zu machen ist eine recht aufwendige Angelegenheit, die schnell zum Hobby ausarten kann.

Wer Lust darauf hat, sollte über den Kauf einer Nudelmaschine nachdenken, da man die Teigplatten mit dem Nudelholz niemals so dünn hinbekommt. Ich habe es ein paarmal versucht, mit dem Ergebnis, dass bereits ein Ravioli aufgrund seiner Dicke so sättigend war wie ein ganzer Teller Spaghetti.

Dieses Rezept besticht ganz besonders durch sein Farbspiel. Da jeder Nudelbastler anders arbeitet, lässt sich nur schwer kalkulieren, wie viele Ravioli es am Ende genau werden … Macht aber nichts. Aus Teigresten lassen sich fantastische Lasagne-Platten anfertigen, mischt man die zwei Farben, entstehen wahre Teig-Gemälde, die Ähnlichkeit mit diesen Wachsbildern haben, die es in touristischen Ballungszentren zu kaufen gibt.

Die übrige Füllung eignet sich übrigens als Brotaufstrich, als Basis für Salatsaucen oder zum Verfeinern von Suppen.

👤 ca. 40 Ravioli
🕐 120 Min.

1 große Rote Bete	eine Prise Kümmel
400 g Weizenmehl (Typ 405)	Pfeffer
2–3 EL Kurkuma	½ Hokkaidokürbis
Salz	1 Handvoll Haselnüsse
2 EL Olivenöl	Mehl zum Ausrollen
300 ml Wasser	hochwertiges Olivenöl
1 rote Zwiebel	etwas Rote Bete Kraut,
Rapsöl	gewaschen und grob
2 EL Zuckerrübensirup	gehackt
eine Prise getrocknete	
Lavendelblüten	

Zubereitung

Für die nächsten Arbeitsschritte empfehle ich Einweghandschuhe. Erstens ist der Teig anfangs sehr klebrig und zweitens färben Rote Bete und Kurkuma stark ab.

Die Rote Bete schälen und im Mixer oder der Küchenmaschine zerkleinern. Durch ein feines Sieb oder ein Mulltuch abtropfen lassen und anschließend kräftig ausdrücken. Den Saft in einer Schüssel auffangen, er wird für den Teig benötigt. Das Rote Bete-Fleisch zur Seite stellen.

Jeweils 200 g Mehl in jeweils eine ausreichend große Schüssel sieben.

– Zweierlei Ravioli –

In der ersten Schüssel die Kurkuma mit dem Mehl vermischen. Jeweils eine Mulde in die Mitte des Mehls formen und jeweils einen TL Salz auf den Mehlkranz streuen. 150 ml lauwarmes Wasser in die Mitte der Kurkuma-Mehlmischung geben und mit einer Gabel von der Mitte aus zu einem Teig verarbeiten.

erhitzen und die Zwiebelwürfel mit dem Rote-Bete-Fleisch anbraten. Den Zuckerrübensirup dazugeben und auf niedriger Stufe leicht karamellisieren lassen.

Mit Lavendelblüten, Kümmel, Salz und Pfeffer abschmecken. Von der Platte nehmen und etwas abkühlen lassen. Dann fein

Anschließend auf einer bemehlten Arbeitsfläche einige Minuten kräftig durchkneten. In Klarsichtfolie wickeln und im Kühlschrank 1 Stunde kalt stellen.

Die Mulde in der zweiten Schüssel mit 150 ml vom Rote-Bete-Saft auffüllen und ebenfalls mit der Hilfe einer Gabel und der schieren Muskelkraft zu einem geschmeidigen Teig verarbeiten. Einwickeln, kalt stellen.

Für die Rote Füllung die Zwiebel schälen und würfeln. Etwas Öl in einer tiefen Pfanne

pürieren. Falls Klümpchen bleiben, durch ein Sieb streichen und die Füllung in eine Spritztülle füllen. Ab in den Kühlschrank.

Für die gelbe Füllung den Hokkaido würfeln und in etwas Salzwasser weich kochen.

Die Haselnüsse in einer Pfanne ohne Fett anrösten. Beides in den Mixer geben, 2 EL Rapsöl dazu. Fein pürieren, gegebenenfalls durch ein Sieb streichen, abschmecken und in eine Spritztülle geben. Abkühlen lassen.

– Zweierlei Ravioli –

Die Nudelmaschine montieren. Ein großes bemehltes Brett und die beiden Füllungen bereithalten.

Ein mandarinengroßes Stück Teig nehmen und wie in der Anleitung zuerst mehrmals auf größter Stufe durch die Walze jagen, dazwischen falten. 4 bis 5 Mal wiederholen. Ist der Teig zu klebrig, etwas Mehl einkneten. Dann bis zur dünnsten Stufe durchwalzen *(sollte die Maschine über 9 Stufen verfügen, bei 8 Schluss machen, das reicht)*.

Die Teigbahn auf dem Brett ausbreiten und mithilfe einer Ausstechform oder eines Glases Kreise ausstechen. Auf jeden Kreis mittig einen walnussgroßen Batzen Füllung setzen. Den Teig vorsichtig über die Füllung schlagen und mit einer Gabel ordentlich festdrücken. Sich so geduldig durch die großen Teigmassen arbeiten. Zu zweit geht's schneller. Aufpassen, dass genug Mehl auf dem Brett ist und die Ravioli beim Trocknen nicht festkleben!

In einem großen Topf Salzwasser zum Sieden bringen, die gefüllten Kunstwerke vorsichtig hineingleiten lassen, am besten nie mehr als 6 auf einmal. 2 bis 3 Minuten ziehen lassen, dann mit einer Schaumkelle herausfischen und in einem Nudelsieb abtropfen lassen.

Auf einem Teller anrichten, mit Olivenöl beträufeln und mit Rote-Bete-Kraut bestreuen. Sauce würde das Geschmacksparadies hier nur töten. Erschöpft aufessen.

Asiatische Kräuter-Tofu-Päckchen mit Pflaumen-Pak Choi

Tofu schmeckt langweilig? Stimmt. Doch meiner Meinung nach liegt gerade im neutralen Geschmack die Stärke des Sojabohnenquarks, bietet er doch gerade dadurch ungeahnte Zubereitungsmöglichkeiten.

Wie ein sehr wandlungsfähiges Topmodel kann Tofu in viele Rollen schlüpfen: knusprig frittiert, scharf mariniert, als geräucherter Speckersatz oder mit Agavensirup karamellisiert. Viele haben Tofu einmal in ihrem Leben probiert und vielleicht Pech gehabt die unge- würzte Basismasse zu erwischen, die im Gegensatz zu einem unbekleideten Topmodel wenig attraktiv erscheint.

Hier ein Trick für eingefleischte Tofu-Gegner: einfach als Geschenk verpacken.

👤 *2 Personen*
🕐 *60 Min.*

⊘ *glutenfrei*

400 g Naturtofu
1 Limette
einige Zweige Thai-Basilikum
    und Koriander
Sesamöl
etwas Chilipulver
4 kleine Knollen Pak Choi

2 reife (gelbe) Pflaumen
2 EL Kokosöl
Sojasauce (Tamari = **glutenfrei**)
Salz
Pfeffer
Butterbrotpapier
hitzebeständiges Haushaltsgarn

Zubereitung

Den Backofen auf 180 Grad (Umluft 160 Grad) vorheizen.

Tofu abtropfen lassen und in dünne Schei- ben schneiden. Diese in vier Portionen aufteilen und aus dem Butterbrotpapier vier Quadrate à 20×20cm zuschneiden.

Die Limette in dünne Scheiben schneiden, die Kräuter waschen. Die Tofuscheiben auf- einanderstapeln, jede Schicht mit Kräutern, einer Limettenscheibe, einigen Tropfen Sesamöl und etwas Chilipulver würzen.

Alle vier Stapel mit dem Butterbrotpapier und dem Garn zu jeweils einem Paket ver- schnüren. Die Päckchen in eine Auflauf- form geben und im Backrohr 40 Minuten backen.

In der Zwischenzeit den Pak Choi waschen, halbieren und den Strunk keilförmig ent- fernen. Die Pflaumen ebenfalls waschen, entkernen und in dünne Schnitze schnei- den.

In einer tiefen Pfanne das Kokosöl erhit- zen, die Pflaumen zugeben und bei mittle- rer Hitze karamellisieren.

Nach etwa 5 Minuten den Pak Choi dazu- geben und weitere 5 Minuten anbraten, bis er leicht gebräunt, aber noch saftig ist. Mit ein paar Spritzern Sojasauce ablöschen und mit Salz und Pfeffer abschmecken.

Die Päckchen aus dem Ofen nehmen. Auspacken!

Sanftmütiger Kichererbsensalat

Ein schnelles einfaches Lieblingsgericht für meine Lieblingserbse.
Der Name Kichererbse hat gar nichts mit albernem Gelächter zu tun, er ist genaugenom-
men eine *Tautologie (inhaltliche Wiederholung)*, da *Kicher* sich vom lateinischen Wort
Cicer (= Erbse) ableitet. Eine Erbsenerbse. Wie albern. Guten Appetit!

👤 4 Personen
🕐 30 Min.

⊘ glutenfrei

400 g vorgekochte Kicher-erbsen	Olivenöl
1 große Tomate	1 Knoblauchzehe, geschält
½ Aubergine	5 frische Zweige Oregano oder
5–6 große Champignons	5 TL getrockneter Oregano
3 kleine Karotten, gerne gelbe oder violette	4 EL Mandelmus
1 kleine Zucchini	Saft einer ½ Zitrone
1 kleine rote Zwiebel	Salz
4 Frühlingszwiebeln	Pfeffer

Zubereitung

Die Kichererbsen in einem Sieb abtropfen und mit der in Würfel geschnittenen
Tomate in eine Schüssel geben.

Die halbe Aubergine, die Zucchini, Cham-
pignons, Karotten, rote Zwiebel und Frühlingszwiebeln klein würfeln und in etwas
Olivenöl anschwitzen, die klein geschnittene
Knoblauchzehe und 4 Zweige Oregano
dazugeben, kurz anrösten lassen und mit
etwas Wasser aufgießen. Etwa 5 Minuten
köcheln lassen, bis das Gemüse weich ist.

Das Mandelmus mit Zitronensaft, Salz,
Pfeffer und etwas Wasser zu einem
cremig-pikanten Dressing verrühren.

Die Stengel der Oregano-Zweige herausfischen, das dampfende Allerlei zu der
Kichererbsen-Tomaten-Mischung geben
und gut durchmischen. Mit dem aufgeho-
benen Oreganozweig dekorieren.

Hanf-Stampf

Dass man Cannabis nicht nur rauchen kann, mag manche Mitmenschen überraschen. Die im Handel erhältlichen Hanfprodukte haben keinerlei berauschende Wirkung, zählen aber zu den sogenannten *Superfoods*: Lebensmittel, die ernährungstechnisch betrachtet besonders wertvoll sind.

Leider meist auch preislich, aber da man sie ja nicht täglich in rauen Mengen verzehrt, wird das Geld sinnvoll in die Gesundheit investiert.

20 Gramm Hanföl genügen, um den Tagesbedarf an essenziellen Fettsäuren vollständig zu decken. Es schützt vor einer Reihe von Stoffwechsel-, Gefäß- und dadurch insbesondere Herzkreislauferkrankungen. *It's legal!*

👤 *2 Personen*
🕐 *40 Min.*

⊘ *glutenfrei*

6 mittelgroße überwiegend
    festkochende Kartoffeln
6 EL Hanföl
Salz
Muskatnuss
4 EL geschälte Hanfsamen

Zubereitung

Die Kartoffeln schälen, waschen und in Stücke schneiden. In einen großen Topf geben, zu ⅔ mit Wasser bedecken und circa 15 Minuten kochen, bis sie weich sind.

Das Wasser abgießen, das Hanföl dazugeben und mit einem Kartoffel-Stampfer oder einer sehr großen Gabel grob zerdrücken. Salzen und mit Muskatnuss abschmecken.

Auf zwei Tellern anrichten, mit den Hanfsamen bestreuen.

Als Beilage Salat oder frisches Gemüse wie hier im Bild bunten Mangold, kurz in der Pfanne angebraten.

Die veganisierte Großmutter – Bayerische Kräutersuppe

In meiner bayerischen Heimat gibt es am Gründonnerstag traditionell etwas Grünes zu Essen. Meine Großmutter machte oft eine Kräutersuppe, manchmal auch mit frischer Brennnessel.

Als Kind fand ich die Tatsache schockierend, dass man etwas unbeschadet verspeisen kann, was an den Waden schmerzt wie die Sau. Die Wurzeln dieses Gerichts sind leicht nachzuvollziehen: Kräuter waren die ersten Frühlingsboten, die zur Osterzeit wuchsen, zu einer Zeit, als man noch nicht mitten im Winter Ochsenherztomaten von der Elfenbeinküste im Bio-Markt kaufen konnte.

Das Rezept zu veganisieren war keine große Herausforderung, handelt es sich ja um ein Fastengericht, außer einer Kelle Rahm musste ich nichts ersetzen. Großartig macht sich auch frischer Sauerampfer und Kerbel in der Suppe, weil der Sauerampfer manchmal schwer zu finden ist, habe ich ihn durch Rucola ersetzt.

4 Personen

30 Min.

glutenfrei

4 mittelgroße Kartoffeln
3 mittelgroße Zwiebeln
1 Knoblauchzehe
etwas Pflanzenöl
½ l Gemüsebrühe
200 g Rucola
jeweils ½ Bund Dill, Petersilie
und Bärlauch

1 Packung Gartenkresse
200 ml pflanzliche Sahne
Salz
Pfeffer
Muskatnuss

Zubereitung

Die Kartoffeln, Zwiebeln und den Knoblauch schälen und in Würfel schneiden. Etwas Öl in einem großen Topf erhitzen und diese drei Zutaten darin anschwitzen. Mit der Gemüsebrühe aufgießen und etwa 15 Minuten köcheln lassen.

Den Rucola und die anderen Kräuter behutsam waschen und mit einem großen Messer grob hacken. Etwas Kresse für die Deko aufheben.

Sobald die Kartoffelstücke weich gekocht sind, fast alle Kräuter dazugeben. 2 bis 3 Minuten durchziehen lassen.

Vom Herd nehmen, etwas abkühlen lassen und mit dem Pürierstab bearbeiten, aber nicht zu doll, sodass noch Kräuterstückchen erkennbar sind. Dann die Sahne einrühren und noch mal kurz erwärmen.

Mit Salz, Pfeffer und Muskatnuss abschmecken. Mit der restlichen Gartenkresse schmücken.

Rotes Brot

Ich musste erst 30 werden, um mich zu verlieben. In die Rote Bete. Ewig und drei Tage verschmähte ich sie, war doch die sauer ins Glas gepresste deutsche Kümmel-Variante die einzige, die ich bis dato probiert und für grässlich befunden hatte.

Am anderen Ende der Welt, in Australien, brachten nette Menschen sie mir dann vorsichtig näher: gebacken, geschmort, roh geraspelt. Ich traute mich. Und musste bald feststellen: welch herrliches Gewächs! Und erst die Farbe. Mittlerweile färbe ich alles mit Rote-Bete-Saft. Alles. So wie dieses Brot. Herrlich.

👤 1 Laib

🕐 120 Min.

⊘ glutenfrei

500 g Mehl (gerne zur Hälfte Vollkornmehl)
1 Würfel frische Hefe oder 1 Päckchen Trockenhefe
3 EL Salz
2 EL Obstessig (z. B. Apfelessig)
300 ml Rote-Bete-Saft
50 g getrocknete Tomaten (nicht in Öl eingelegt)
100 g Körner/Nüsse (Walnüsse, Haselnüsse, Sesam, Lein-samen, Mohn, Kürbiskerne etc.)

für die **glutenfreie** Variante ersetze ich das Mehl durch:
250 g dunkle glutenfreie Mehl-mischung für Brot
100 g Maismehl
150 g Buchweizenmehl
2 TL Xanthan

Zubereitung

Mehl, Hefe, Salz und Essig in eine große Rührschüssel geben. Den Rote-Bete-Saft dazugeben und mit den Knethaken der Küchenmaschine verkneten. Anschließend mit den Händen einige Minuten kräftig durchkneten. Mit einem frischen Küchen-handtuch abdecken und an einem warmen, trockenen Ort eine Stunde gehen lassen.

Die getrockneten Tomaten in Streifen schneiden.

Den Backofen auf 200 Grad (Umluft 180 Grad) vorheizen.

Die Tomaten und Nüsse/Körner zum Teig geben und gut einarbeiten.

Einen großen Laib formen und in einer leicht gefetteten Kastenform etwa 40 Mi-nuten backen, bis sich eine braun-rosa Kruste bildet und beim Stecknadel-Test nichts mehr hängen bleibt.

Das Brot etwas auskühlen lassen, aus der Form stürzen und am Besten frisch genießen!

Hausgemachte Haselnusscreme

Viele Produkte, die man ganz selbstverständlich fertig kauft, kann man auch selbst herstellen.

Klar schmecken sie nie ganz genau so wie die Fertigversionen aus dem Supermarkt, doch man weiß im Gegensatz dazu genau, was drin ist und ganz ehrlich – der ursprüngliche Geschmack ist der Beste.

Eine solche selbst gemachte Leckerei ist Haselnusscreme. Egal ob aufs Frühstücksbrötchen oder als Dip für frische Früchte.

👤 ca. 500 Gramm
🕐 30 Min. +
1 Nacht Einweichen

⊘ glutenfrei

150 g Haselnüsse
200 ml Wasser
50 g Zucker
der Inhalt einer ½ Vanilleschote
1 Prise Salz
8 EL Mandel-, Sesam- oder
     Walnussöl
5 gehäufte EL Kakaopulver

(oder 3 EL Kakaopulver
und 2 EL Carobpulver)

Zubereitung

100 g der Haselnüsse über Nacht in einer Schüssel mit Wasser einweichen. Sie sollten gut bedeckt sein.

Die restlichen 50 g in einer Pfanne ohne Fett anrösten, anschließend auf ein sauberes Küchenhandtuch geben und die Schalen der Haselnüsse entfernen. Dafür am besten das Handtuch einmal überschlagen und durch vor- und zurückrollen mit den Händen die Schalen von den Nüssen lösen.

Das Wasser in einem kleinen Topf erwärmen und den Zucker unter Rühren darin auflösen.

Die eingeweichten und die gerösteten Haselnüsse in einen leistungsstarken Mixer geben und grob zerkleinern.

Das Zuckerwasser, das Innere der Vanilleschote, das Salz, sowie das Öl dazugeben und ausgiebig mixen.

Die Nussmasse in einen mittelgroßen Topf auf niedriger Stufe erhitzen, dann den Kakao dazugeben, fest umrühren, bis eine schöne dunkle Creme entsteht. Nicht aufkochen lassen. Abkühlen lassen und in Gläser abfüllen. Oder aufessen. Sofort.

Koche lieber ungewöhnlich ...

„Widme Dich der Liebe und dem Kochen
mit wagemutiger Sorglosigkeit.“

– Dalai Lama –

Ich kann mich noch gut an die Situation erinnern: Ich war etwa 9 Jahre alt, saß mit meinen Eltern am Tisch und wir aßen zu Abend. Da hatte ich eine Vision. Ich schaute die Butter an und sah darin das Antlitz des *Märchenkönigs Ludwig II.*

In einem unbeobachteten Moment griff ich nach der Butterdose und modellierte mit meinem Messer die Gesichtszüge. Ich war sehr vertieft bis meine Mutter mich mit strenger Stimme ermahnte und jene

berühmten Worte sprach: „Mit Essen spielt man nicht!“.

Heute, als erwachsener, kochender Mensch muss ich ihr zutiefst widersprechen. Genauso wie damals liebe ich es mit Essen zu spielen und kann es nur jedem empfehlen.

Natürlich sollte man respektvoll mit Lebensmitteln umgehen, sich kreativ mit ihnen auseinandersetzen und nicht so, dass man danach alles wegschmeißen muss. Darum

– Koche lieber ungewöhnlich … –

geht es wohl auch eher bei dieser elterlichen Ermahnung, die von Generation zu Generation Mantra-artig weitergegeben wird.

Spielen und aufessen ist okay. Findet heute auch meine Mutter.

Seit ich meinen ersten Dinner-Abend plante, war klar, dass es auch immer ein spezielles Motto geben würde.

Ich ließ meiner Fantasie freien Lauf, mal kam mir die Idee beim Durchblättern eines Modeheftes, ein andermal weil ich eine Serviette mit einem bestimmten Muster gekauft hatte und fand ich müsse ein dazu passendes Menü kreieren.

Fast alle Rezepte in diesem Kapitel wurden schon an meinen Dinner-Abenden serviert. Entweder sie folgen einem Farbkonzept, täuschen raffiniert falsche Tatsachen vor oder sind einfach nur verspielt und schön anzusehen.

Eines haben sie alle gemeinsam:
Sie schmecken genauso gut wie sie aussehen. Und sie sind bunt. Ich verwende nur natürliche Farbstoffe, die in Zutaten wie Rote Bete, Rotkohl, Spinat oder Kurkuma vorkommen.

Am Ende des Kapitels finden sich drei Rezepte in Folge, die alle etwas Spezielles gemeinsam haben – nämlich grüne Punkte. Sie entstanden im Rahmen meines Grüne-Punkte-Dinners, das ich meiner Freundin March gewidmet habe.

Zum genaueren Verständnis erzähle ich euch hier die Geschichte dazu:

Die **GRÜNE PUNKTE KRANKHEIT** brach zum ersten Mal im Februar 2007 auf einem Kostümfest in Wien aus.

March, die die Farbe Grün über alles liebte, verteilte sie in Form von Klebepunkten im ganzen Raum und nach dieser Partynacht gab es keinen einzigen Menschen, der das Fest ohne mindestens einen grünen Punkt verließ.

Danach entwickelte die ganze Sache eine Eigendynamik – March richtete eine Facebook-Seite ein und von überall fingen Menschen an, Fotos mit grünen Punkten zu posten. Sie entdeckten sie und trugen sie hinaus in ferne Länder.

Die Krankheit gewann mehr und mehr Fans und schließlich ließen sich March und ihre engsten Freunde sogar einen grünen Punkt tätowieren. Auch ich trage meinen im Nacken.

Im August 2011 waren es bereits 7 Freunde, die einen permanenten grünen Punkt unter der Haut trugen, als etwas Tragisches, vollkommen Unvorhersehbares geschah: March, die Königin und Entdeckerin der grünen Punkte, starb ganz plötzlich mit nur 33 Jahren.

In tiefer Trauer beschlossen wir, ihre Freunde, die **GRÜNEN PUNKTE** auf der ganzen Welt zu verbreiten, sodass die Idee von den kleinen grünen Momenten im täglichen Leben nie in Vergessenheit geraten möge. Weil Grün die Farbe der Hoffnung ist und weil es schön ist sich an Menschen zu erinnern, die nicht mehr da sind, uns aber sehr viel bedeutet haben.

– Koche lieber ungewöhnlich ... –

Aus diesem Grund habe ich mir diese Rezepte ausgedacht und jedes Mal, wenn ich eine Erbse sehe, denke ich an meine Freundin.

Essen kann uns emotional berühren, verführen und glücklich machen.

Wir sollten unserem Essen viel Aufmerksamkeit schenken. Und nie aufhören damit zu spielen.

Auf die Plätze, fertig, los!

Gefälschte Tomatensuppe
mit explodierten Kapern

Die gefälschte Tomatensuppe. Möhren, Rote Bete und Kürbis sorgen für ein täuschend echtes Tomatenrot, geschmacklich bringt die Miso-Paste ein kräftig-erdiges Ergebnis, abgerundet durch die knusprig-pikante Salzigkeit der Kapern-Blüten.
In der traditionellen japanischen Küche ist Miso ein wichtiges Grundnahrungsmittel. Die aus vergorenen Sojabohnen gewonnene Würzpaste (vegan ohne Fischsauce erhältlich) ist sehr eiweiß- und vitaminreich und kann wie Gemüsebrühe-Pulver verwendet werden.

👤 *4 Personen*
🕐 *40 Min.*

⊘ *glutenfrei*

3 Karotten
1 mittelgroße Rote Bete
½ Hokkaido Kürbis
2 Knoblauchzehen
Sonnenblumen-, Kokos- oder
    Rapsöl
4 EL Misopaste (auf Reisbasis
    glutenfrei)
¾ l Wasser
2 EL eingelegte Kapern
1 EL Sirup

1 Spritzer Zitronensaft oder
    Obstessig
Salz
Pfeffer

Zubereitung

Die Karotten und die Rote Bete (mit Handschuhen) schälen, Kürbis halbieren, Kerne entfernen und das Gemüse grob würfeln. Knoblauch schälen und grob hacken.

In einem großen Topf etwas Öl erhitzen und das Gemüse mit 2 EL der Miso-Paste kurz anschwitzen, bis es leicht gebräunt ist. Mit dem Wasser auffüllen und 15 bis 20 Minuten weich köcheln lassen.

Vom Herd nehmen, kurz abkühlen lassen und im Mixer oder mit dem Pürierstab zerkleinern.

Die Kapern mit Küchenkrepp trocken tupfen, den Boden einer Pfanne gut mit Öl bedecken und die Kapern etwa 2 Minuten darin frittieren, bis sie aufplatzen und wie kleine Blüten aussehen. Auf Küchenkrepp abtropfen lassen.

Die restlichen 2 EL Misopaste in der Suppe auflösen, mit Sirup, Zitronensaft, Salz und Pfeffer abschmecken, auf Teller verteilen und mit Kapern garnieren.

Fröhlich auf den Tisch stellen und verkünden: „Heute gibt es Tomatensuppe!"

Errötete Blumenkohlschafe auf Gänseblümchensalat

Nicht nur Kinder spielen gerne mit Essen. Über Blumenkohlschafe freut sich garantiert jeder. Diese hier sind zudem wunderschön rosa und sollte erröteter Blumenkohl übrig bleiben, sieht dieser auch aufgeschnitten wunderhübsch aus und eignet sich als Basis für farbenfrohe Antipasti. Viel Spaß beim Basteln!

👤 *4 Personen*
🕐 *40 Min.*

⊘ *glutenfrei*

½ Blumenkohl
Salz
1 Tasse Rote-Bete-Saft
400 g Wildkräutersalat
eine Handvoll Gänseblümchen
    von der Wiese deines Ver-
    trauens
2 EL scharfer Senf
2 EL Olivenöl

1 EL Obstessig
Pfeffer
2 mittelgroße Karotten, gerne
    gelbe, weiße oder violette
Zahnstocher
6 entsteinte schwarze Oliven,
    in Lake eingelegt
ein paar Sesamkörner

Zubereitung

Den Blumenkohl halbieren, die Blätter entfernen und die Strünke etwas kürzen, Mandarinengroße Stücke als Schafskörper zuschneiden.

In einem großen Topf Wasser erhitzen, eine Prise Salz dazu und die Blumenkohlstücke darin circa 8 Minuten kochen. Sie sollten noch bissfest sein. Das Wasser abgießen und die Röschen in einem tiefen Gefäß mit dem Rote-Bete-Saft übergießen. Mindestens 10 Minuten durchziehen lassen, zwischendrin wenden.

Den Salat und die Gänseblümchen waschen und auf 4 Teller verteilen. Senf, Olivenöl, Essig, Salz und Pfeffer zu einer klassischen Vinaigrette verrühren und den Salat damit beträufeln.

Die Karotten schälen und für 4 Schafe 16 Beine in Stifte kleinschneiden.

Den Blumenkohl kurz abspülen. Mithilfe eines Stücks Zahnstochers jeweils eine Olive als Kopf auf dem Kohlkörper befestigen.

Aus den übrigen Oliven Ohren zurechtschneiden und diese ebenfalls mit kurzen Zahnstocherstücken am Olivenkopf befestigen. Mit Senf 2 Sesamkörner als Augen aufkleben. Die Karottenbeine um den Körper platzieren.

Die Blumenkohlschafe auf die Kräutersalatwiese setzen.

Rote Kicherburger mit Süßkartoffel-wedges und Homemade-Ketchup

Diese Burger sind inspiriert von meinem „Kindergeburtstag Reloaded"-Dinner, das ich 2013 in Berlin veranstaltet habe. Dafür hatte ich typische Kindheitsklassiker veganisiert und neu interpretiert.

Ich bin der festen Überzeugung, dass verspieltes Essen nicht nur auf Kindergeburtstage gehört, sondern auch ausgewachsene Seelen streichelt, vor allem wenn es in so einer Farbpracht daherkommt wie diese ulkigen Freunde hier. Und ganz nebenbei: Das selbst gemachte Ketchup ist der Renner!

👤 *4 Burger*
🕐 *80 Min.*

⊘ *glutenfrei*

1. Teig Grundrezept Rotes Brot
(siehe Seite 56)

2. Kicherburger und Wedges

ein paar Sesamkörner
2 große Süßkartoffeln
Sonnenblumenöl
1 Zwiebel
5 Zweige frische Petersilie
4 EL Sojamehl
8 EL Wasser
400 g vorgekochte Kicher-
    erbsen
4 Mais- oder Reiswaffeln
1 EL Olivenöl
Pfeffer
Salz
grobes Salz
einige gewaschene Salatblätter
2 Tomaten
Zwiebelringe, z. B. Pink Pickled
    Onions *(siehe Seite 80)*

3. Mandeldijonaise

4 EL Mandelmus
3 EL Zitronensaft
2 EL Dijonsenf
etwas Wasser
Salz
Pfeffer

4. Ketchup *(für circa 500 g)*

1 Zwiebel
1 Apfel
250 g Tomatenmark
1 TL Currypulver
Zimt
Cayennepfeffer
Muskatnuss
1 TL Salz

– Rote Kicherburger –

Zubereitung Kicherburger und Wedges

Den Backofen auf 180 Grad (Umluft 160 Grad) vorheizen.

Den roten Teig in vier gleichgroße Stücke teilen und Brötchen formen. Nach Belieben mit etwas Sesam bestreuen und circa 20 Minuten backen, bis sie schön knusprig sind.

Die Süßkartoffeln gründlich waschen und mit einer Gemüsebürste abschrubben. Mit einem scharfen Messer halbieren und die Hälften in grobe Schnitze schneiden. Auf einem mit Backpapier ausgelegten Backblech verteilen, 2 EL Sonnenblumenöl mit 2 EL Wasser vermischen und damit bepinseln. Im vorgeheizten Backofen 20 Minuten kross backen, nach 10 Minuten wenden und erneut mit dem Öl-Wasser-Gemisch bestreichen.

Die Zwiebel schälen und würfeln, die Petersilie grob hacken. Das Sojamehl in einer Tasse mit der doppelten Menge Wasser verrühren.

Die Kichererbsen abtropfen und mit dem Pürierstab oder dem Mixer leicht zerkleinern, aber nicht zu gründlich, sodass noch Stücke erhalten bleiben. In einer Schüssel mit den zerkrümelten Maiswaffeln, der Zwiebel, der Sojamehlcreme, der gehackten Petersilie und dem Olivenöl verkneten. Mit Pfeffer und Salz abschmecken. Daraus vier flache Bratlinge formen.

Die Burgerbrötchen aufschneiden und mit der Mandeldijonaise bestreichen. In einer Pfanne Öl erhitzen und die Kichererbsen-Bratlinge von beiden Seiten kross braun braten. Die Bratlinge auf das Brötchen geben, mit Salat, Tomatenscheiben und

Zwiebelringen belegen und auf jeden Burger noch einen Klecks Ketchup geben.

Die Süßkartoffelwedges mit grobem Salz bestreuen. Dazu empfehle ich hausgemachtes Ketchup! Mandeldijonaise nach Rezept zubereiten.

Zubereitung Mandeldijonaise

Für die Mandeldijonaise das Mandelmus mit dem Zitronensaft, Senf und etwas Wasser glatt rühren, mit Salz und Pfeffer abschmecken.

Zubereitung Ketchup

Die Zwiebel schälen, den Apfel waschen, beides würfeln und in wenig Wasser 5 Minuten weich kochen.

Zusammen mit dem Tomatenmark und den Gewürzen in einen Mixer geben oder mit dem Pürierstab zerkleinern. Abschmecken. Hält in ein sauberes Glas gefüllt im Kühlschrank problemlos wochenlang.

FARBEN-, FAKE- & FUN-FOOD

Die Möglichkeit einer Insel

Die Möglichkeit einer Insel ist ein Science-Fiction-Roman von *Michel Houellebecq*. Da ich Science-Fiction nicht mag, habe ich ihn nicht gelesen, sondern ein Gericht danach benannt. Ein Curry, das die Sehnsucht nach thailändischen Traumstränden stillt und die unerschöpflichen Vielfalt des dortigen Street Foods aufgreift.
Thailand ist der Schauplatz von Houellebecqs Roman Plattform, mit Essen hat das Buch aber nur wenig zu tun.

👤 *4 Fernweh-Betroffene*
🕐 *30 Min.*

⊘ *glutenfrei*

200 g Jasminreis
400 ml Wasser
1 EL Kurkumapulver
jeweils 4 kleine Pak Choi, Broccoliröschen und Frühlingszwiebeln, Baby-Maiskolben und Mini-Auberginen
½ Süßkartoffel
2 EL Sesamöl
1 EL Sojasauce
jeweils 1 daumengroßes Stück Galgantwurzel und Ingwer

2 Stengel Zitronengras
1 Knoblauchzehe
2 EL rote Currypaste
2 rote Chilischoten
400 ml Kokosmilch
3 Kaffirlimettenblätter
1 Tasse TK-Sojabohnen, geschält
8 Scheiben Lotuswurzel
etwas Kokosöl
evtl. als Deko ein paar getrocknete Blüten

Zubereitung

Den Reis in einem Sieb waschen. Den Reis mit der doppelten Menge Wasser und dem Kurkumapulver in einem Topf zum Kochen bringen, umrühren, auf niedrigste Stufe schalten und abgedeckt 20–25 Minuten ziehen lassen.

Das Gemüse waschen und putzen, die Süßkartoffel schälen und in Stifte schneiden. Die Mini-Auberginen in einem kleinen Topf halb mit Wasser bedecken und 5 Minuten dämpfen, bis sie weich sind. In eine Schüssel geben und mit 2 EL Sesamöl und 1 EL Sojasauce beträufeln.

Die Galgantwurzel und die Ingwerknolle in breite Streifen schneiden, die Zitronengras-Stengel halbieren und gemeinsam mit der geschälten Knoblauchzehe, der Currypaste und den ganzen Chilischoten kurz in einer Wokpfanne anrösten. Die Kokosmilch dazugeben, die Kaffirlimettenblätter hineinschmeißen und auf niedriger Stufe 10 Minuten köcheln lassen.

Den Pak Choi, den Broccoli, die Frühlingszwiebeln, die Sojabohnen, die Lotuswurzel-Scheiben und die Süßkartoffelstifte 5 Minuten in etwas Kokosöl braten, sie sollten noch bissfest sein.

Den fertigen gelben Reis mithilfe eines Schälchens zu vier schönen Inseln anrichten, mit getrockneten Blüten bestreuen, mit einem Curry-Kokosmeer umspülen und mit Frühlingszwiebel- und Pak Choi-Bäumen sowie Broccoli-Büschen bepflanzen. Die restlichen Gemüse-Beilagen dekorativ dazu servieren.

Augen schließen und träumen. Schnell wieder öffnen und aufessen, bevor es kalt wird!

Russische Suffgrundlage

Vor zwei Jahren wurde ich in Moskau von meinen russischen Freunden in die Kunst des Wodka-Trinkens eingeführt. Dort habe ich gelernt, dass das Nationalgetränk immer eiskalt und nie ohne kulinarische Grund- bzw. Beilage genossen wird. Man reicht Eingelegtes wie Gurken, Knoblauchzehen oder eben deftige Röllchen mit Nuss-Füllung dazu. Der Knoblauchgeruch lenkt dabei praktischerweise von der Alkoholfahne ab.
Die Matroschkas im Bild wurden auch schon als Wodkabecher benutzt, man wollte mir weismachen auch dies sei Tradition, ich bin mir aber ziemlich sicher, dass dies nicht stimmt, aber es hat Spaß gemacht!
Ursprünglich stammt dieses Rezept aus Georgien und wird mit gebratenen Auberginen zubereitet. In Russland gibt es viele georgische Lokale, die diese Spezialität servieren. Ich habe eine „raw food"-Variante mit Zucchini kreiert, natürlich kann man die Zucchini auch anbraten, aber gerade im Sommer finde ich sie roh extra knackig-lecker. Traditionell wird Koriander verwendet, wer diesen nicht mag, nimmt stattdessen Petersilie.

👤 *10 Röllchen*
🕐 *30 Min.*

⊘ *glutenfrei*

1 große Zucchini
Salz
100 g Walnusskerne
1 kleine Zwiebel
1 Knoblauchzehe
der Saft einer Zitrone
2 TL süßes Paprikapulver
ein Hauch Safran

nach Geschmack einige
    Stengel Koriander oder
    Petersilie
evtl. Zahnstocher
½ Tasse Wasser

Zubereitung

Die Zucchini waschen und längs mit einem Hobel oder einem großen, scharfen Messer in dünne Scheiben schneiden. Die Scheiben mit Salz bestreuen und das Salz sorgfältig ins Gemüse einmassieren. Für 15 Minuten zur Seite stellen.

Die Walnusskerne, die geschälte, grob gehackte Zwiebel, die geschälte Knoblauchzehe, den Zitronensaft, das Paprikapulver, den Safran und ⅔ der Kräuter zusammen mit dem Wasser in einen Mixer geben und zu einer cremigen Masse pürieren.

Die Zucchini-Scheiben abwaschen und mit einem Küchenkrepp abtrocknen. Auf jede Scheibe einen großzügigen Esslöffel der Walnusspaste geben und aufrollen.

Die Röllchen halten am besten, wenn man sie nach dem Aufrollen auf das Endstück legt, zur Not mit einem Zahnstocher fixieren.

Nach Belieben die offene Seite des Röllchens mit einem Koriander/Petersilie-Blatt verzieren.

Ganz falscher Hase
mit betrunkener Lebkuchensauce
und Wurzelgemüse

Um eines gleich vorwegzunehmen: Ja, Veganer essen Dinge, die Augen haben, aber nur wenn diese zum Beispiel aus Haselnuss bestehen.

Selbst meine dem Pflanzenfraß sehr aufgeschlossenen Eltern können sich zu Heiligabend nur schwer vorstellen auf ihren obligatorischen Braten zu verzichten. Letztes Jahr habe ich sie mit diesem veganem Hackbraten rumgekriegt und ich würde behaupten, sie waren danach sehr glücklich und satt.

Das große Geheimnis bei der Zubereitung tierfreier Braten-Fälschungen liegt in der Würze. Die intensiven Aromen der frischen Kräuter, der getrockneten Tomaten, der Kapern, der Oliven und des Knoblauchs bestechen unsere Geschmacksnerven und gaukeln uns vertraute Braten-Assoziationen vor. Die Röstaromen der Saucen-Gewürze sorgen für weihnachtliche Wohligkeit. Der Rotwein besorgt den Rest. *Prost!*

👤 *4 falsche Hasen*
🕐 *60 Min.*

✓ *glutenfrei*

1. Falsche Hasen

100 g feine Sojaschnetzel
3 TL Instant Gemüsebrühe
¼ Sellerieknolle
1 große Karotte
1 Knoblauchzehe
1 Zwiebel
3 EL Pflanzenöl
200 g Naturtofu
6 getrocknete Tomaten (nicht in Öl eingelegt)
10 große Kapern
10 entsteinte Oliven
(frische) Kräuter: Thymian, Oregano, Rosmarin, Salbei, Basilikum
1 Tasse Rotwein
2 (farbige) Karotten, getrocknete Tomate und 4 Haselnüsse zur Deko

600 g Wurzelgemüse (Radieschen, Rote Bete, Topinambur, Karotten, Pastinaken, Petersilienwurzel, Zwiebeln, Knoblauchzehen)
2 gehäufte EL Sojamehl
2 EL (glutenfreie) Semmelbrösel
Salz
Pfeffer

2. Sauce

3 EL Pflanzenöl
3 EL (Mais)Mehl oder 1 Scheibe veganer Pfefferkuchen
1 EL Lebkuchengewürz
1 Tasse Rotwein
1 Tasse Wasser
Salz
Pfeffer

Zubereitung Falsche Hasen

Die Sojaschnetzel mit 1 TL Instant Gemüsebrühe in eine Schüssel geben und mit heißem Wasser aufgießen, 10 Minuten ziehen lassen.

Den Sellerie, die Karotte, den Knoblauch und die Zwiebel schälen und alles fein würfeln.

3 EL Öl in einer großen Pfanne erhitzen, den Tofu zerkrümeln und zusammen mit den Sojaschnetzeln und dem Gemüse bei mittlerer Temperatur in der Pfanne anbraten.

Die getrockneten Tomaten, die Kapern und die Oliven klein schneiden und zusammen mit den fein gehackten Kräutern zur Tofu-Soja-Gemüse-Mischung geben. Ein paar Kräuter-Zweige für das Wurzelgemüse beiseitelegen.

Mindestens 10 Minuten anbraten, bis die Mischung knusprig wird und deutlich an Flüssigkeit verloren hat. Dann mit 1 Tasse Rotwein ablöschen und 5 Minuten auf niedriger Stufe einkochen lassen. Die Mischung in eine Schüssel geben und etwas abkühlen lassen.

Den Backofen auf 200 Grad (Umluft 180 Grad) vorheizen.

Das Wurzelgemüse mit einer Gemüsebürste gut abschrubben.

2 EL Sojamehl und 2 EL Semmelbrösel zur Mischung geben und alles gut verkneten. Falls die Masse zu feucht ist, noch etwas Semmelbrösel darunterkneten. Mit Salz und Pfeffer abschmecken.

Auf einem geölten Backblech 4 längliche Hasenkörper formen.

Die Haselnüsse halbieren und als Augen auf die Hasenkörper setzen. Aus den Karotten Ohren schneiden und aus der getrockneten Tomate eine Schnauze.

Das Wurzelgemüse um die Hasen verteilen. Die restlichen Kräuter mit auf das Blech geben.

Die verzierten Hasen etwa 40 Minuten im Ofen backen, bis sie außen knusprig sind.

Zubereitung Sauce

Für die Sauce 3 EL Öl in einer Pfanne erhitzen, 3 EL Mehl und 1 EL Lebkuchengewürz oder, falls verfügbar, 1 zerkrümelte Scheibe veganen Pfefferkuchen dazubröseln und anrösten, bis es verführerisch duftet.

Diese Saucenbasis mit 1 Tasse Rotwein und 1 Tasse Wasser aufgießen und 10 Minuten einkochen lassen. Mit Salz und Pfeffer abschmecken und zum Hasen, dem Gemüse und den Knödeln servieren.

- Ganz falscher Hase -

3. Kantige Semmelknödel

👤 *8 Knödel*
🕐 *20 Min.*

500 g altbackene Brötchen
½ Bund Petersilie
4 EL Sojamehl
2 TL Salz
375 ml Sojamilch
Muskatnuss

Zubereitung Kantige Knödel

Die altbackenen Brötchen mit einem scharfen Messer in feine Streifen schneiden.

Die Petersilie grob hacken und zusammen mit dem Sojamehl, dem Salz und den Brötchen in eine große Schüssel geben.

Die Sojamilch in einem Topf leicht erhitzen, sie sollte nur lauwarm sein. Die Sojamilch über die Brötchenmischung geben, kräftig mit beiden Händen verkneten und mit Muskat abschmecken.

8 würfelförmige Knödel formen. Dies funktioniert gut mit angefeuchteten Händen und indem man jeweils die zu glättende Seite des Knödel-Würfels auf ein Brettchen drückt. Sie schmecken aber auch rund.

In einem großen Topf Wasser erhitzen, aber nicht zum Kochen bringen.

Das Wasser leicht salzen und die Knödel hineingeben. Die Knödel 10 Minuten im wallenden Wasser ziehen lassen, herausfischen und servieren.

Pinke Zwiebeln

Mir gruselt ja ein bisschen vor rohen Zwiebeln und dem bleibenden Nachgeschmack. Salat mit rohen Zwiebeln? Schaff ich nicht ...
Wenn, dann überhaupt nur rote Zwiebeln, die sind milder und süßer, am liebsten habe ich aber die in der eingelegten Version, schon allein wegen der intensiven Farbgebung.
Sie passen zu Sandwiches, Burgern *(siehe Seite 68)*, Salaten, Gegrilltem und haben dank der reingeschummelten Chilischoten auch noch eine hintergründig-charmante Schärfe.
Wenn wir Scharfes essen, schüttet unser Körper Endorphine aus – diese Zwiebeln machen glücklich!

👤 für 500 g
🕐 *20 Min.*

⊘ *glutenfrei*

500 g rote Zwiebeln
2 Tassen heller Essig (Apfel- oder Weißweinessig)
4 EL Zucker
eine Prise Salz
3 Lorbeerblätter
6 Körner Piment
6 ganze Nelken
4 getrocknete rote Chilischoten
10 schwarze Pfefferkörner

Zubereitung

Die Zwiebeln im Ganzen schälen und in Ringe schneiden.

In einem Topf den Essig erhitzen, den Zucker hineingeben und umrühren, bis er sich aufgelöst hat. Erst die Gewürze dazugeben, dann die Zwiebeln und das Ganze 30 Sekunden aufkochen lassen.

Vom Herd nehmen und abkühlen lassen.

In saubere, ausgekochte Gläser mit gut schließenden Deckeln gefüllt, halten die Zwiebeln im Kühlschrank mindestens einen Monat.

Schwarze Reisbällchen mit Chili-Mayonnaise

Schwarzer Reis – nicht zu verwechseln mit Wildreis – besticht durch seinen nussigen Geschmack und sieht einfach toll aus.

Aufgrund seiner Seltenheit war er im alten China den Herrschern und den Göttern als Opfergabe vorenthalten. Als er mehr und mehr dem normalen Volk zugänglich wurde, nannte man ihn *„Liebespaar-Reis"*. Seine stark klebenden Körner sollten den Zusammenhalt des Paares symbolisieren, das ihn verspeiste.

Die Reisbällchen eignen sich als Vorspeise oder als Snack. Das Rezept funktioniert auch mit herkömmlichem Reis und eignet sich super zur Resteverwertung.

👤 10–12 Bällchen
🕐 40 Min.

⊘ glutenfrei

125 g schwarzer Reis (1 Tasse)
250 ml Wasser
50 ml gut gekühlte Sojamilch
der Saft einer halben Zitrone
100 ml Raps- oder Sonnenblumenöl
2 EL scharfer Senf
einige Blätter Thai-Basilikum
Salz
Pfeffer

1 Chilischote
1 EL Misopaste
2 EL getrocknete Algen
½ Tasse Sesamsamen, besonders schön sieht es aus, wenn man schwarze und weiße mischt
2 Tassen Pflanzenöl zum Braten der Reisbällchen

Zubereitung

Den Reis in einem Sieb waschen. Reis mit der doppelten Menge Wasser in einem Topf zum Kochen bringen, umrühren, auf niedrigste Stufe schalten und abgedeckt 30–35 Minuten ziehen lassen. Nach 20 Minuten den Wasserstand kontrollieren und gegebenenfalls noch etwas Wasser dazugeben.

Die kalte Sojamilch, 1 TL Zitronensaft und das Öl genau in dieser Reihenfolge in einen Mixer geben und etwa 30 Sekunden mixen.

Anschließend den Senf und die Thai-Basilikum-Blätter dazugeben, noch einmal durchmixen und mit Salz, Pfeffer und dem übrigen Zitronensaft abschmecken. Die Chilischote hacken und dazugeben.

Den noch warmen, fertig gekochten Reis in eine Schüssel geben und mit der Misopaste und den getrockneten Algen vermischen. Mit dem Pürierstab nur hier und da leicht anmatschen, das macht die Masse klebriger und erleichtert das Formen der Bällchen.

Mit angefeuchteten Händen 10 bis 12 Bällchen formen und diese in einem Teller mit den Sesamsamen wenden.

Das Pflanzenöl in einer tiefen Pfanne erhitzen und die Bällchen darin unter Wenden 2–3 Minuten frittieren. Anschließend auf einem mit Küchenkrepp ausgelegten Teller abtropfen lassen. Noch warm mit der Chili-Mayonnaise servieren.

Basilikum-Tofu-Falafel mit Erbsen-Wasabi-Püree

Grünlich schimmernde, knusprig-frische Falafeln, die statt aus Kichererbsen aus Tofu geformt sind, zusammen mit einem scharf-saftigen Püree und einer lecker-gesunden Kürbiskern-Öl-Besprenkelung. Das Beste aus allen Welten. In grün.

👤 2 Personen
🕐 30 Min.

⊘ glutenfrei

1 Zwiebel
500 g TK-Erbsen
100 g Wildkräutersalat
50 g gehackte Kürbiskerne
5 EL Kürbiskernöl
250 g Tofu Natur
1 Handvoll frischer Basilikum
2 EL Olivenöl

2 EL Sojamehl
Salz
Pfeffer
2–4 EL Wasabi, je nach Schärfe
Pflanzenöl zum Braten der
  Falafel

Zubereitung

Die Zwiebel schälen und fein würfeln. Die Erbsen mit etwas Öl und den Zwiebelstücken in einem großen Topf anschwitzen. Unter gelegentlichem Umrühren 15 Minuten weich dünsten.

Den Salat waschen und die Kürbiskerne in einer kleinen Schüssel mit dem Kürbiskernöl verrühren.

Tofu in den Mixer bröseln und zusammen mit dem Basilikum, dem Olivenöl und dem Sojamehl pürieren. Die Masse mit Salz und Pfeffer abschmecken. Mit angefeuchteten Handflächen etwa 10 Falafelbällchen formen, diese auf einem Brett 10 Minuten trocknen lassen.

Nun die Erbsen-Zwiebel-Mischung mit einem Pürierstab zerkleinern. Vorsichtig

löffelweise mit Wasabi abschmecken. Fertige Wasabipasten haben oft sehr unterschiedliche Schärfegrade. Deshalb step by step vorgehen, bis eine angenehme, aber noch erträgliche Grundschärfe entsteht.

2 Finger hoch Pflanzenöl in einer tiefen Pfanne erhitzen. Eine Prise Salz dazugeben.

Sobald das Öl heiß ist, die Falafel darin unter Wenden kross braten und anschließend auf Küchenkrepp abtropfen lassen.

Das Püree noch einmal schnell erhitzen, zusammen mit dem Salat und den Falafeln anrichten und mit der Kürbiskern-Öl-Mischung beträufeln.

Purple Pesto

Rotkohl kann so viel mehr als sich müde-matschig-zerkocht neben einem Braten zu langweilen. In der Volksmedizin gilt Rotkohl als Heilmittel für alles, was mit dem Blut zusammenhängt wie etwa Krampfadern oder Venenentzündungen. Die heutige Ernährungsmedizin sieht Rotkohl außerdem auch als ein Nahrungsmittel an, das einen hohen Krebsschutzfaktor mit sich bringt.

Das Pesto wird roh in der Küchenmaschine zubereitet und hält im Kühlschrank locker eine Woche, wenn man, genau wie bei grünem Pesto oder Marmelade, immer einen sauberen Löffel zur Entnahme verwendet.

Man kann es zu Pasta genießen, Salatdressings damit aufpeppen oder es als würzige Sauce zu gebratenem Gemüse und Hülsenfrüchten reichen. Vermischt mit dem selbst gemachten Ketchup *(siehe Seite 68)* gibt es eine würzig-scharfe Burger-Sauce ab!

👤 *für ca. 500 g*
🕐 *10 Min.*

⊘ *glutenfrei*

ein kleiner oder ½ Kopf
    Rotkohl
eine Handvoll Sonnenblumen-
    kerne
5 EL gutes Olivenöl
1 Knoblauchzehe
1 EL Sirup
Saft einer Zitrone

Salz
Pfeffer

Zubereitung

Den Rotkohl halbieren, grob zerteilen und mit einem großen Küchenmesser klein hacken.

Die Sonnenblumenkerne in einer Pfanne ohne Fett anrösten, bis sie angenehm zu duften anfangen.

Den Rotkohl, die Sonnenblumenkerne, das Olivenöl, die geschälte Knoblauchzehe, den Sirup und den Saft einer halben Zitrone in die Küchenmaschine geben. Alles sorgfältig pürieren und anschließend mit Salz und Pfeffer abschmecken.

Nach Belieben noch etwas Zitronensaft dazugeben.

 # Smörgåstårta

Auf einer Schweden-Reise stach mir die Smörgåstårta erstmals ins Auge. Dabei handelt es sich traditionell um ein Gericht, das opulent mit Mayonnaise, Lachs, Shrimps und Kochschinken garniert wird. Was wie eine Torte aussieht, ist tatsächlich ein Brot.
Ein Kuchenbrot. Ein Brotkuchen?
Ich habe die Lady etwas abgespeckt, veganisiert und neu zusammengesetzt.
Auf jeden Fall ist die Smörgåstårta ein garantierter Hingucker auf jedem Brunch oder der ideale Geburtstagskuchen für Menschen, die nichts Süßes mögen ...

👤 *1 Torte*
🕐 *120 Min*

⊘ *glutenfrei*

1. **1 Teig Grundrezept Grünes Brot** *(siehe Seite 26)*

2. **½ Teig Grundrezept Rotes Brot** *(siehe Seite 56)*

3. **Grundrezept Mayonnaise** *(ohne Chili) (siehe Seite 68)*

4. **Grundrezept Hummus** *(siehe Seite 98)*

5. **Grundrezept Süßkartoffelpüree** *(siehe Seite 105)*

1 Avocado
Saft einer halben Zitrone
Salz
Pfeffer
3 EL Rote-Bete-Saft

zur Deko: 1 geraspelte Karotte, Dillspitzen, schwarze Oliven, Kapern, Zucchinischeiben, Salat- oder Kräuterblätter, Radieschen, Sprossen, Gurkenscheiben, ...

Zubereitung

Den Backofen auf 200 Grad (Umluft 180 Grad) vorheizen.

Den roten und den grünen Brotteig übereinander in eine leicht gefettete Springform geben und mindestens 45 Minuten backen, bis beim Schaschlik-Spieß-Test kein Teig mehr kleben bleibt.

Das Brot in der Form auskühlen lassen. Anschließend herausnehmen und mit einem großen, scharfen Messer in 3 bis 5 Scheiben schneiden. Sollte sich das Brot oben zu stark wölben, den „Deckel" gerade abschneiden und sofort aufessen.

Die Avocado teilen, mit einem Löffel aus der Schale lösen, mit einer Gabel zerdrücken und mit Zitronensaft, Salz und Pfeffer würzen.

Sämtliches Deko-Gemüse, -Kräuter und -Sprossen waschen und zurechtschneiden.

Nun beginnt der Brottortenbau:

Eine Schicht mit Süßkartoffelpüree, eine mit Avocadocreme, eine mit Hummus bestreichen, die Mayonnaise ist zur Dekoration der obersten Schicht gedacht. Mit ein paar Löffeln Rote-Bete-Saft wird sie zuckerguss-rosa.

Sehr lecker schmeckt es auch, wenn man zwischen die Brotschichten geraspelte Karotten, Sprossen oder ein paar Salat-/Spinatblätter legt.

Die fertige Torte rundherum und obendrauf wenig zurückhaltend mit allem verzieren, was zur Verfügung steht.

Nach einigen Stunden im Kühlschrank lässt sie sich noch besser schneiden.

Der Vorteil: Da keine tierischen Produkte wie Eier und Milch verwendet wurden, kann man sie auch getrost einen ganzen Brunch-Nachmittag ungekühlt aufs Büffet stellen. Wenn sie so lange überlebt …

an-Tan-Clan

Ein absolutes Eye- und Mouth-Candy – würde der Brite hier sagen …

👤 *circa 30 Stück*
🕐 *30 Min.*

50 g feine Sojaschnetzel
2–3 Frühlingszwiebeln
1 Karotte
1 Knoblauchzehe
ein kleines Stück Ingwer
2 EL Kokosöl
1 Chilischote
1 Bund Thai-Basilikum

1 EL (Reis)Essig
Salz
Pfeffer
1 Packung Wan-Tan-Teigblätter
    (aus dem Asia-Supermarkt)
2 Tassen Pflanzenöl zum
    Frittieren der Wan-Tans

Zubereitung

Die Sojaschnetzel in eine kleine Schüssel geben und mit heißem Wasser aufgießen, sodass die Schnetzel ausreichend bedeckt sind. 10 Minuten ziehen lassen. Anschließend durch ein Sieb abtropfen lassen.

Die Frühlingszwiebeln putzen und waschen, die Karotte, den Knoblauch und den Ingwer schälen und alle Bestandteile sehr klein würfeln oder in der Küchenmaschine häckseln.

Das Kokosöl in einer tiefen Pfanne erhitzen und die Sojaschnetzel gemeinsam mit den Gemüse-Gewürz-Stückchen und der fein geschnittenen Chilischote scharf anbraten.

Den Thai-Basilikum waschen, fein hacken und nach etwa 10 Minuten zusammen mit dem Essig in die Pfanne dazugeben. Die Füllung mit Salz und Pfeffer abschmecken.

Eine kleine Schüssel mit Wasser, einen Backpinsel sowie ein großes Holzbrett oder etwas Ähnliches als Arbeitsunterlage herrichten.

Jeweils ein Wan-Tan-Teigblättchen in die Handfläche nehmen und die Oberseite großzügig mit dem Pinsel befeuchten. Mit einem Teelöffel eine kleine Menge Füllung an den oberen Rand platzieren und den Teig aufrollen. Die entstandene Teilrolle an beiden Seiten anfeuchten und an diesen Stellen den Teig zu einem Bonbon zusammendrücken. Der Teig muss feucht sein, damit das funktioniert.

Wenn alle Wan-Tans vorbereitet sind, das Pflanzenöl in einer tiefen Pfanne erhitzen. Eine Prise Salz dazu, dann spritzt das Fett nicht so doll.

Maximal 5 Wan-Tans auf einmal ins Fett geben, sie sind schnell fertig und man schafft es bei einer größeren Menge kaum sie zu wenden und aus der Pfanne zu nehmen.

Mit zwei Kochlöffeln oder einer Grillzange wenden. Sobald die Wan-Tans kross und braun sind, herausnehmen und auf Küchenkrepp abtropfen lassen.

Lila-Laune-Suppe
mit grünen Herzissini

Dieses Rezept bedarf nicht vieler Worte, denn es bekennt Farbe. Und Lila und Grün – ein Knaller fürs Auge!

1. Teig Grundrezept Grünes Brot *(siehe Seite 26)*

½ Rotkohl
Gewürze: Pfefferkörner, Piment, Kümmel, Muskat, 1 Sternanis, Wacholderbeeren, 1 Lorbeerblatt, Fenchelsamen,

1 Knoblauchzehe
4 EL pflanzliche Sahne
Salz
Pfeffer
Muskatnuss

👤 *4 Personen*
🕐 *50 Min.*

⊘ *glutenfrei*

Zubereitung

Den Backofen auf 180 Grad (Umluft 160 Grad) vorheizen.

Den Rotkohl mithilfe eines großen Küchenmessers grob in Stücke hacken.

Den Rotkohl in einen großen Topf geben und mit der gleichen Menge Wasser aufgießen.

Die Gewürze und die ganze Knoblauchzehe dazugeben. Auf mittlerer Flamme 25 Minuten köcheln lassen.

Den grünen Teig auf einem bemehlten Backbrett dünn zu einem großen Rechteck ausrollen und 10 Minuten unter einem frischen Küchentuch gehen lassen.

Dann mit einem Messer lange, etwa 5 cm breite Streifen schneiden. Die Streifen auf die halbe Breite zusammenfalten, zur Mitte zusammenklappen und ein Herz formen.

Die herzförmigen Grissini auf einem mit Backpapier ausgelegten Blech 15 Minuten backen, bis sie knusprig und leicht gebräunt sind.

In der Zwischenzeit die lila Pampe vom Herd nehmen und durch ein feines Sieb streichen, im ausgespülten Topf noch einmal kurz erhitzen.

Die Sahne zur Suppe geben und mit Salz, Pfeffer und Muskat abschmecken. Die ofenfrischen Grissini dazu servieren.

Schachbrettgratin mit Spinatsalat

Böse non-vegane Zungen behaupten vielleicht, ich würde dieses Gratin nur mit einem Schachbrettmuster verzieren, um vom fehlenden Käse-Schmelz abzulenken. Eine gemeine Unterstellung, denn ich widme dieses Gericht *Sissa ibn Dahir*, der nach der indischen Legende als Erfinder des Schachspiels gilt. Er schaffte es dem bösen Herrscher *Shihram* durch das Spiel Lektionen in Demut zu erteilen und machte diesen milder und bescheidener. Selbiges sollte mit der Aushändigung dieses Gerichts an hungrige kleine Tyrannen ebenso gelingen, eine kulinarische Metapher höchster Güte. *Schachmatt.*

👤 *2 Personen*
🕐 *50 Min.*

⊘ *glutenfrei*

1 Süßkartoffel
4–5 violette Kartoffeln
1 Tasse Sojamilch
1 Tasse Rote-Bete-Saft
1 Knoblauchzehe
2 TL Instant Gemüsebrühe-
    Pulver
Salz

Pfeffer
Muskatnuss
3 TL Olivenöl
400 g frischer Spinat
2 TL scharfer Senf
1 TL Essig

Zubereitung

Den Backofen auf 180 Grad (Umluft 160 Grad) vorheizen.

Die Süßkartoffel und die violetten Kartoffeln schälen. Beide in dünne Scheiben schneiden, die Süßkartoffeln eine Spur dicker, da sie schneller weich werden. Etwa jeweils ein Viertel der Scheiben für die oberste Schicht, das Schachbrett, in gleichmäßige Quadrate schneiden.

Die Sojamilch und den Rote-Bete-Saft zusammen mit der geschälten Knoblauchzehe und dem Gemüsebrühe-Pulver in einem Mixer aufschlagen und mit Salz, Pfeffer und Muskat würzen.

Den Boden einer mittelgroßen Auflaufform mit 1 TL Olivenöl einfetten. Dann eine Schicht violette Kartoffeln daraufgeben.

Mit der roten Sauce bedecken und als Nächstes eine Schicht Süßkartoffeln darübergeben. Sauce. Als nächste Schicht violette Kartoffeln. Sauce. Als letzte Schicht aus den Kartoffel-Quadraten ein hübsches Schachbrettmuster basteln und das Gratin für 30 Minuten in den Ofen schieben.

Den Spinat gründlich waschen. Aus dem Senf, dem Essig und den restlichen 2 TL Öl ein Salatdressing zaubern und mit Salz und Pfeffer abschmecken. Den Spinat damit anmachen. *Aber immer schön höflich bleiben!*

Zusammen mit dem Schachbrett-Gratin servieren!

Fake Cupcakes

Hinterlistige Täuschung. Diese wunderhübschen Cupcakes sind alles andere als süß: Die knusprig-lockeren Mais-Muffins mit ihrer leichten Chili-Note werden durch zart-pastellfarbenes Rote-Bete-Hummus abgerundet und mit ein paar Deko-Erbsen versehen, aufgetischt. Fake Cupcakes sind nicht nur für den 1. April eine geeignete Vorspeise.

👤 12 Cupcakes
🕐 45 Min.

⊘ glutenfrei

300 g Mais aus dem Glas (oder Dose)
3 Tassen Mehl
1 Päckchen Backpulver
2 EL Hefeflocken (gibt's im Drogeriemarkt, Bioladen oder Reformhaus)
1 TL Chilipulver oder ½ frische fein gehackte Chilischote
½ Tasse Pflanzenöl (Rapsöl, Sonnenblumenöl)
2 EL scharfer Senf
1 Tasse Wasser
350 g vorgekochte Kichererbsen
3 EL Tahini

3 EL Rote-Bete-Saft
3 EL Zitronensaft
Kreuzkümmel
Salz
Pfeffer
2 EL TK-Erbsen
1 EL Sesamsamen

für die **glutenfreie** Variante ersetze ich das Mehl durch:
2 Tassen Maismehl
1 Tasse helle glutenfreie Mehlmischung für Kuchen
½ TL Xanthan

Zubereitung

Den Mais mit einem Pürierstab oder einem Mixer etwas zermatschen, aber nicht zu sehr, es sollen noch einzelne Körner ganz bleiben.

Den Backofen auf 190 Grad (Umluft 160 Grad) vorheizen.

Das Mehl mit dem Backpulver, Hefeflocken, Chili, der Maismasse, dem Öl, dem Senf und dem Wasser in eine große Rührschüssel geben. Mit einem großen Löffel zu einem elastischen Teig verrühren, mit den Händen durchkneten.

Den Teig in ein Muffin-Backblech füllen. Noch schöner wird's mit bunten Papier-

förmchen, sonst die Muffinform mit etwas Öl einfetten. Muffins ca. 20 Minuten backen.

In der Zwischenzeit die Kichererbsen mit Zitronensaft, Tahini und Rote-Bete-Saft pürieren, bis eine rosa Creme entsteht. Mit Kreuzkümmel, 1 TL Salz und Pfeffer abschmecken und in eine Spritztülle füllen. Im Kühlschrank kalt stellen.

Die Erbsen mit etwas Öl in einer kleinen Pfanne erhitzen. Die abgekühlten Mais-Muffins mit der rosa Creme dekorieren und mit Erbsen und Sesamsamen bestreuen.

Kohl-Strudel
mit grünen Punkten

Strudelteig selbst zu machen, ist ein bisschen wie Yoga: Man sagt es sei nicht allzu schwer, doch wenn man es das erste Mal ausprobiert, lässt die Elastizität gewöhnlich zu wünschen übrig und es ist anstrengender als man es sich vorgestellt hat. Aber nach dem zweiten, dritten Mal wird es einfacher, dann macht es richtig Spaß und am Ende möchte man nichts anderes mehr machen.

Wer einmal ein Gespür dafür entwickelt, was ein Strudelteig braucht – eine Spur mehr Öl, ein Quäntchen mehr Wasser oder eine Prise Mehl – der kann alles in die hauchdünne knusprige Teighülle packen, was herumliegt. Außer Tiere natürlich …

👤 1 Strudel
🕐 60 Min.

200 g Mehl
7 EL Rapsöl
eine Prise Salz
8 EL warmes Wasser
100 g grüne Bohnen
½ Rotkohl
5 EL Kokosöl

Salz
Pfeffer
Muskatnuss
Masala
200 ml Kokosmilch

Zubereitung

Eine hitzebeständige Schüssel mit heißem Wasser füllen – sie soll sich aufheizen – unter ihr darf später wohltemperiert der Teig gehen.

Das Mehl auf ein großes Backbrett häufen. Eine Mulde in die Mitte drücken. Das Öl, das Salz und das Wasser in die Mulde geben und mit den Fingern von außen nach innen verkneten.

Den Teig 5 Minuten weiterkneten, bis er geschmeidig ist. Erscheint er zu wenig elastisch, minimal Öl hinzufügen, ist er zu

feucht, braucht er Mehl, zu trocken? Dann benötigt er Wasser.

Das Wasser aus der Schüssel leeren und die Schüssel über den Teig stülpen, dort für 30 Minuten verweilen lassen.

Die Bohnen waschen, putzen und in etwas Salzwasser 5 Minuten blanchieren. Sie müssen nicht gänzlich gar sein, da sie ja noch im Strudel nachgaren.

Den Rotkohl in feine Streifen schneiden und mit 2 EL Kokosöl in einer tiefen Pfan-

ne anbraten. Mit Salz, Pfeffer, Muskatnuss und Masala würzen.

Nach 3–4 Minuten die Kokosmilch dazugeben und das Ganze weitere 5 Minuten auf niedriger Flamme köcheln lassen.

Den Backofen auf 180 Grad (Umluft 160 Grad) vorheizen.

Die Rotkohl-Kokos-Füllung auf das untere Drittel des Teiges geben, die blanchierten Bohnen längs auf die Füllung geben, sodass sie später beim Aufschneiden des Strudels zu „Punkten" werden.

Rechts und links den Teig etwa 2–3 Zentimeter einschlagen.

Den Teig auf ein frisch gewaschenes, mit Mehl bestäubtes Küchentuch geben und mit einem Nudelholz zu einem großen Rechteck ausrollen.

Anschließend mit den Händen unter den Teig gehen und diesen mit den Fingern vorsichtig auseinanderziehen. Wenn er kleine Löcher bekommt, ist dies nicht weiter schlimm. Größere Risse einfach wieder zusammendrücken, etwas Kokosöl kann als „Kleber" dienen.

Dann die Ränder mit den Händen ebenfalls auseinanderziehen. Dieser Part erfordert etwas Übung. Am Ende sollte der Teig so dünn wie möglich sein und etwa an allen Stellen gleich dünn.

Nun den Teig mithilfe des Küchentuchs von unten nach oben über die Füllung schlagen und nach oben hin aufrollen.

Die fertige Strudelrolle mit Schwung auf ein mit Backpapier ausgelegtes Backblech hieven und mit dem restlichen Kokosöl bestreichen. Sollte das Öl zu fest sein, kurz in einem kleinen Topf flüssig werden lassen.

Den Strudel etwa 25 Minuten backen, bis er außen schön braun und knusprig ist.

Leicht abkühlen lassen, dann mit einem scharfen Messer Stücke anschneiden, nun werden die „grünen Punkte" sichtbar!

Drei-Brei-Teller mit grünen Punkten

Kartoffelbrei ist eines meiner Lieblingsgerichte. Ich hatte schon lange die Vision bei einem meiner Dinner ein Hauptgericht anzubieten, das nur aus Kartoffelbrei besteht. Als ich es dann tat, war die Resonanz grandios, einfach weil Kartoffelbrei das Lieblingsgericht ganz vieler Menschen ist.

Hier bekommt der gelbe „Klassiker" einen Twist durch den feinen Geschmack von Leinöl und einer Prise Knoblauch. Statt mehliger verwende ich vorwiegend festkochende Kartoffeln, das Püree wird so ein wenig fester. Die erdige violette Kartoffel verträgt sich mit Pfeffer und Nussöl, bei der Süßkartoffel dürfen Masala und Kokosöl mitspielen.

👤 *4 Personen*
🕐 *60 Min.*

⊘ *glutenfrei*

1kg vorwiegend festkochende
    Kartoffeln
Salz
1kg violette Kartoffeln
½ Tasse Sojamilch
5 EL Leinöl
1 Knoblauchzehe
Muskatnuss
5 EL Mandel- oder Walnussöl

Pfeffer
2 große Süßkartoffeln
2 EL Kokosöl
1 TL Masala (indische Gewürz-
    mischung)
½ Tasse TK-Erbsen
etwas Pflanzenöl

Zubereitung

Die vorwiegend festkochenden Kartoffeln schälen und in mittelgroße Stücke schneiden. Die Kartoffeln abwaschen und in einem großen Topf mit Salzwasser bedeckt etwa 10 bis 15 Minuten weich kochen.

Währenddessen die violetten Kartoffeln schälen und ebenfalls stückeln. Sobald die erste Kartoffelladung fertig gekocht ist, diese abgießen und in eine Schüssel geben.

Die violetten Kartoffeln nach gleicher Vorgehensweise aufsetzen und weich kochen.

Die Sojamilch und das Leinöl zusammen mit 2 TL Salz, der geschälten, zerdrückten Knoblauchzehe und etwas geriebener Muskatnuss zu den „normalen" Kartoffeln geben und mit einem Kartoffelstampfer zu Brei verarbeiten.

Sobald die violetten Kartoffelstücke weich sind, das Wasser abgießen und unter Zugabe des Mandel-/Nussöls, 2 TL Salz sowie etwas Pfeffer ebenfalls zu Püree verarbeiten.

Die Süßkartoffeln schälen und würfeln. Ebenso mit Salzwasser bedeckt weich kochen – hier geht's ein wenig schneller: nach etwa 8 Minuten (*4 Minuten im Schnellkochtopf*) sind sie butterweich. Die Süßkartoffeln mit Kokosöl, Masala und etwas Salz zu Brei zerdrücken.

Die Erbsen in einer kleinen Pfanne mit etwas Pflanzenöl und einer Prise Salz 5 Minuten anschwitzen.

Die dreierlei Püree anrichten, mit Erbsen-Punkten besprenkeln und stolz servieren.

Jetzt hätte ich gerne noch was Süßes ...

„Hold me and control me and then
melt me slowly down like chocolate."

– Kylie Minogue –

Diesen Satz hört man wohl nach jeder herzhaften Mahlzeit aus meinem Mund.

Noch streiten sich die Wissenschaftler, ob dem Auslöser dieses Verlangens ein rein physischer Vorgang zugrunde liegt (Abfallen des Blutzuckerspiegels, dem wir entgegenwirken wollen) oder ob es sich schlichtweg um eine klassische Konditionierung handelt. Vermutlich ist es eine Mischung aus beidem.

In letzter Zeit wurde viel über Zucker und sein Suchtpotenzial diskutiert.

Vor allem versteckter Zucker in verarbeiteten Lebensmitteln birgt eine Gefahr, die wir sicherlich unterschätzen, weil wir sie nicht sehen bzw. schmecken.

Wer wenig verarbeitete Fertigprodukte zu sich nimmt, verzichtet schon mal auf diese Zuckerbomben.

Immer wieder experimentiere ich bei meinen Desserts und Kuchen mit alternativen Süßungsmitteln oder verwende so wenig Zucker wie möglich.

– Jetzt hätte ich gerne noch was Süßes … –

Es funktioniert gut sich zu entwöhnen – wer etwa auf gesüßte Getränke verzichtet und eher zu dunkler, veganer und gleichzeitig gesünderer Schokolade greift, entwickelt eine größere Sensibilität und braucht weniger Süße, um glücklich zu sein.

Wie zuvor erwähnt, gilt auch für veganes Backen: **Weniger ist mehr.**

Viele Rezepte kommen ohne Ei aus oder funktionieren mit Sojamehl, einem hervorragenden Ei-Ersatz.

Soja-, Reis- oder Nussmilch eignen sich genauso gut zur Herstellung von Teig, Creme und Pudding wie herkömmliche Kuhmilch.

Pflanzenmargarine, Kokosöl und geschmacksneutrale Öle wie Traubenkern- oder Rapsöl bilden den Butterersatz.

Fast alle meine süßen Rezepte sind von Haus aus glutenfrei oder enthalten eine Zutatenliste für eine alternative glutenfreie Zubereitung. Diese sind erprobt und funktionieren einwandfrei.

Auch auf den folgenden Seiten wird wieder gefälscht, gebastelt und gefärbt, was das Zeug hält.

Wer sagt, dass Veganer keine Buletten oder Spiegeleier essen – solange sie aus Haselnüssen und Kokospudding bestehen, immer her damit!

Coco-Schokomole

Die Existenz von Schokomole hat sich mittlerweile herumgesprochen. Vor allem der US-amerikanische Schmusesänger *Jason Mraz*, im Nebenerwerb leidenschaftlicher Avocado-Farmer, zeigt sich für die Verbreitung des Rezepts verantwortlich. Die fettige, aber über alle Maßen gesunde Frucht eignet sich hervorragend zur Herstellung von Süßspeisen. Ähnlich wie Tofu ist ihr Grundgeschmack weder süß noch herzhaft, man kann also frech alles Mögliche mit ihr anstellen.

Ich habe die pflanzliche Schokomousse mit etwas Kokos verfeinert und serviere sie mit süß-frischem Pesto und Erdbeeren. Ein moderner Klassiker.

👤 *4 Personen*
🕐 *5 Min.*

⊘ *glutenfrei*

2 reife Avocados
50 g Kokoscreme oder
    4 EL Kokosmilch
10 Datteln
1 EL Kokosöl
3 EL Kakaopulver
½ Tasse Wasser
1 Messerspitze gemahlene
    Vanilleschote

1 Bund frische Minze
1 Handvoll Mandeln
1 EL Mandelöl
1 TL Zitronensaft
100 g frische Erdbeeren

Zubereitung

Die Avocados mit einem scharfen Messer halbieren, das Messer in den Kern spießen und ihn mit einer leichten Drehbewegung entfernen. Das Fruchtfleisch der Avocados mit einem Esslöffel aus der Schale lösen.

Das Fruchtfleisch zusammen mit der Kokoscreme/-milch, den Datteln, dem Kokosöl, dem Kakaopulver, dem Wasser und der Vanilleschote in einen Mixer geben und zu einer cremigen Masse pürieren. Die Masse in eine Schüssel füllen und im Kühlschrank kalt stellen.

Die Minzblätter waschen und mit den Mandeln, dem Mandelöl und dem Zitronensaft ebenfalls in einen Mixer geben.

Die Mischung zu Pesto verarbeiten, nicht zu lange mixen, sodass noch kleine Stückchen zu erkennen sind. Wer etwas für den Bizeps tun möchte, kann zur Pesto-Herstellung auch einen großen Mörser verwenden.

Die Erdbeeren waschen.

Jeweils eine Kugel Coco-Schokomole mit einem Batzen Pesto und ein paar Erdbeeren servieren.

Death By Crêpetorte

Als meine Freundin und Ex-DJ-Partnerin *Nina* Anfang 2014 in Berlin ihre vegane Crêperie *Let It Be* eröffnete, traten die zarten Teigfladen auf einmal verstärkt in mein Leben. Selbstverständlich helfe ich ihr oft in der Küche, statt hinter Plattentellern stehen Nina und ich nun an den Crêpeplatten, die wir schwungvoll mit Teig beschmieren.

Für die Musikauswahl im Hintergrund sind wir nach wie vor verantwortlich! Und weil mir übertreiben riesigen Spaß macht, habe ich diese übertriebene Torte aus Crêpes kreiert!

👤 1 Torte
🕐 50 Min.

⊘ glutenfrei

1 kg frische Beeren (Himbeeren, Brombeeren, Blaubeeren)
oder
600 g TK-Beeren und einige frische Beeren zur Dekoration
1 Tasse Wasser
7 EL Zucker
250 g Mehl

für die **glutenfreie** Variante verwende ich Buchweizenmehl

3 EL Sojamehl
1 Prise Salz
2 EL Rapsöl
250 ml bzw. 1 Tasse Sojamilch
300 ml Mineralwasser
Pflanzenöl zum Braten der Crêpes
nach Belieben pflanzliche Schlagcreme zur Dekoration, gut gekühlt

Zubereitung

Die Beeren waschen und, bis auf zwei großzügige Handvoll für die Dekoration, die Beeren in einen Topf geben und mit 1 Tasse Wasser und 5 EL Zucker erhitzen.

Auf kleiner Flamme 15 Minuten einkochen lassen, ab und zu umrühren. Abkühlen lassen.

Das Mehl mit dem Sojamehl, dem Salz und 2 EL Zucker in einer großen Rührschüssel vermischen.

Das Rapsöl, die Sojamilch und das Mineralwasser dazugeben und mit einem Handrührer zu einem flüssig-sämigen Teig verarbeiten. Der Teig sollte mindestens eine halbe Stunde ruhen.

In einer Pfanne etwas Öl erhitzen und mit wenig Teig dünne Crêpes backen. Auf einem Teller auskühlen lassen.

Nun Crêpe um Crêpe mit jeweils einem Schöpfer Beerensauce stapeln und auch immer ein paar frische Beeren dazwischenlegen.

Wenn der Turmbau zu Crêpe auf die Spitze getrieben ist, die oberste Schicht mit einem Klecks Schlagcreme und Beeren verzieren.

Rosmarin-Mandel-Crème brûlée

Anders als eine klassische Crème brûlée lasse ich sie bei meinem Rezept nicht im Back-rohr stocken. Es basiert auf Pudding. Natürlich kein gewöhnlicher Pudding, denn ich ver-wende Mandelmilch, die ich behutsam mit frischen Rosmarinzweigen aufkoche. Kurz vor dem Servieren versehe ich das Dessert mit der berühmten namensgebenden Karamell-kruste, ich nenne diesen Vorgang *„brüllieren"* und es macht wahnsinnig Spaß!
Die Entscheidung mir dafür extra einen Bunsenbrenner zu kaufen habe ich nie bereut, wer einmal anfängt, möchte alles brüllieren, was so herumsteht ... *Feuer marsch!*

👤 *4 Portionen*
🕐 *15 Min.*

⊘ *glutenfrei*

ein Bund frischer Rosmarin
500 ml Mandelmilch
5 EL Maisstärke
5 EL Vanillezucker
8 EL weißer Zucker
Bunsenbrenner

Zubereitung

4 kleine Rosmarinzweige zur Dekoration beiseitelegen.

²⁄₃ der Mandelmilch, zusammen mit den übrigen Rosmarinzweigen, in einem mittel-großen Topf langsam erhitzen.

In einer kleinen Schüssel das restliche Drit-tel Mandelmilch mit der Stärke und dem Vanillezucker zu einem Puddingbrei ver-rühren.

Sobald die Mandelmilch im Topf heiß ist, aber noch nicht kocht *(sie soll nicht auf-kochen)*, mit einem Schneebesen den vor-bereiteten Puddingansatz dazugeben und kräftig umrühren. Vom Herd nehmen und mit den Rosmarinzweigen 5 Minuten abkühlen lassen.

Die mitgekochten Zweige herausnehmen, den Pudding in 4 flache Schälchen füllen *(je flacher, desto mehr Krustenoberfläche!)* und mit jeweils einem frischen Zweig de-korieren.

Im Kühlschrank für einige Stunden kalt stellen.

Vor dem Servieren 2 EL Zucker auf jeder Portion verteilen und mit dem Bunsenbren-ner brüllieren. Den Zucker erst unmittelbar vor dem Brüllieren auf den Pudding geben, sonst weicht er an und es funktioniert nicht mehr. Wenn ein Deko-Rosmarin-Zweig mit angekokelt wird, ist das nicht weiter schlimm, im Gegenteil, es riecht fantastisch!

Schnell servieren!

Sweet Bean Brownies

Ständig bin ich auf der Suche nach glutenfreien Backrezepten, mit denen ich meinen Freund und auch die Gäste des *Let It Be* verwöhnen kann. Für viele Rezepte benötigt man allerdings ein umfangreiches Sortiment von Spezialzutaten, die den Geldbeutel leeren und das Küchenregal füllen. Diese herrlichen Bohnen-Brownies bilden eine Ausnahme – sie werden komplett ohne Mehl gebacken!

Im Gegensatz zu Deutschland sind Süßigkeiten auf Bohnenbasis in asiatischen Ländern keine Seltenheit, ähnlich wie Avocado haben sie einen recht neutralen Geschmack und sorgen für cremige Konsistenz.

Schwarze, vorgekochte Bohnen sind manchmal schwer zu bekommen oder oft bereits in Chilisauce eingelegt – das Rezept funktioniert aber auch super mit roten Kidneybohnen.

👤 10–12 Brownies
🕐 30 Min.

⊘ glutenfrei

400 g schwarze oder rote Bohnen (vorgekocht)
2 EL Sojamehl mit 4 EL Wasser verrührt
4 EL Vollrohrzucker
5 EL Kakaopulver
3 EL Pflanzenöl (z. B. Kokosöl)
der Inhalt einer ½ Vanilleschote

1 Prise Salz
100 g dunkle Kuvertüre
nach Belieben etwas Sesam und getocknete Korn- blumen zum Bestreuen

Zubereitung

Den Backofen auf 180 Grad (Umluft 160 Grad) vorheizen.

Alle Zutaten (bis auf die Kuvertüre und den Sesam) in einem Mixer oder einem Pürierstab zerkleinern, bis eine homogene Masse entsteht. Sie sollte streichfähig sein, falls sie zu sehr krümelt, noch etwas Wasser dazugeben.

Ein Backblech mit Backpapier auslegen. Die Masse daraufgeben, 2–3 EL Wasser auf den Teig träufeln, so lässt sich der Teig mithilfe eines Teigschabers leichter verstreichen.

Die Teigmenge reicht etwa für ½ Blech.

Die Brownies 25 Minuten im vorgeheizten Ofen backen.

Abkühlen lassen. Die Kuvertüre im Wasserbad schmelzen, auf den Brownies vertreichen und mit einer Gabel Schoko-Schlieren auf dem Brownie-Block ziehen. Die noch weiche Schokolade mit Sesam und getrockneten Kornblumen bestreuen.

Warten, bis die Schokolade hart ist, dann mit einem scharfen Messer in rechteckige Stücke schneiden.

Apfel-Zimt-Tiramisu
mit Schoko-Mhmmmm...

Dieses Rezept ist zeitintensiv, wenn man die Deko selbst bastelt, das Biskuit selbst backt und das Kompott selbst kocht. Klar kann man auch gekauftes Kompott und Biskuit verwenden, aber den Laden, wo es die *Schokoladen-Mhmmmmms* zu kaufen gibt – den zeigt ihr mir erst mal!

👤 *4 gr. Portionen*
🕐 *120 Min.*

⊘ *glutenfrei*

1. veganer Biskuit

230 g Mehl
1 Päckchen Backpulver
160 g Zucker
6 EL Sonnenblumen-, Trauben-
    kern- oder Rapsöl
1 Messerspitze gemahlene
    Vanille
250 ml Wasser

Zubereitung veganer Biskuit

Den Backofen auf 180 Grad (Umluft 160 Grad) vorheizen.

Das Mehl und das Backpulver in eine Rührschüssel sieben, den Zucker dazugeben und mit einem Löffel vermischen. Das Öl, die Vanille und das Wasser dazugeben und mit einem Handrührer zu einem glatten Teig verarbeiten.

Mithilfe eines kleinen Schöpflöffels den Teig in 8 Portionen auf ein mit Backpapier ausgelegtes Blech geben, die Portionen rund ausstreichen, sodass 8 kleine Biskuitböden entstehen. Diese im Ofen 20 bis 25 Minuten backen. Die Böden abkühlen lassen.

**1a. (Variante) glutenfreie
Reismehl-Biskuit-Kekse**

1 ½ Tassen feines Reismehl
1 EL Backpulver
¾ Tasse Kartoffelstärke

½ TL Xanthan
¾ Tasse Puderzucker
1 TL Salz
6 EL Margarine
¾ Tasse Soja-, Mandel- oder
    Reismilch

– Apfel-Zimt-Tiramisu –

Zubereitung Reismehl-Biskuit-Kekse (glutenfreie Variante)

Den Backofen auf 190 Grad (Umluft 170 Grad) vorheizen.

Das Mehl, das Backpulver, die Stärke, das Xanthan, den Puderzucker und das Salz vermischen. Die Margarine klein gestückelt auf die trockenen Zutaten geben. Etwas Milch dazugeben und verkneten. Den Rest der Flüssigkeit dazu und weiterkneten. Auf einer Arbeitsfläche Reismehl verteilen und noch mal ordentlich durcharbeiten.

Dann den Teig mit einem Nudelholz ausrollen und mit einem Wasserglas Kreise ausstechen. Auf einem mit Backpapier ausgelegten Backblech 15 bis 20 Minuten backen, bis sie leicht braun sind.

Anschließend wie Biskuits verwenden, da sie härter sind, ist es wichtig sie mit Kompottflüssigkeit zu beträufeln.

2. Apfelkompott

2 mittelgroße Äpfel
1 Zimtstange
2 EL Rohrohrzucker

Zubereitung Apfelkompott

Die Äpfel schälen, entkernen und in 1 cm dicke Scheiben schneiden.

Die Scheiben in einem Topf mit Zimt und Zucker erhitzen, sie sollten zu ⅓ mit Was-

ser bedeckt sein. Das Kompott 10 Minuten weich kochen.

Abkühlen lassen.

3. Creme

200 ml Soja- oder Reissahne, gut gekühlt
1 Päckchen Sahnesteif
¼ l Reis-, Mandel- oder Sojamilch

2 EL Speisestärke
1 Messerspitze gemahlene Vanille
2 EL Zucker
ungesüßtes Kakaopulver zum Bestreuen

– Apfel-Zimt-Tiramisu –

Zubereitung Creme

Die Sahne mit dem Handrührer aufschlagen, das Sahnesteif nach und nach dazugeben. Kalt stellen.

⅔ der Milch in einem kleinen Topf erhitzen, das restliche ⅓ mit der Stärke, der gemahlenen Vanilleschote und dem Zucker verrühren. Diese Basis in die heiße, nicht kochende Milch rühren, kurz aufkochen lassen.

Während die Creme abkühlt immer wieder umrühren, damit keine Klümpchen entstehen. Die gekühlte Sahne unterheben, sobald der Pudding kalt ist.

4. Schokoladen-Mhmmmmms

100 g Zartbitter-Kuvertüre

Zubereitung Schokoladen-Mhmmmmms

Die Zartbitter-Kuvertüre im Wasserbad schmelzen, etwas abkühlen lassen bis sie fester, aber noch flüssig ist.

Kuvertüre in eine Spritztülle mit kleiner Öffnung füllen. Geht gut, indem man die Tülle in ein hohes Gefäß stellt und die Öffnung mit Alufolie verschließt. Auf einem mit Butterbrotpapier bedeckten Brett schwungvoll *Mhmmmmms* schreiben.

Sobald die *Mhmmmmms* hart sind, vorsichtig vom Papier lösen.

Zubereitung Tiramisu

Aus den 8 kleinen Biskuitböden werden 4 Portionen Tiramisu, also 2 Lagen Biskuit pro Portion.

Vier Böden auf vier Teller geben. Darauf die Hälfte des Kompotts verteilen, mit Kompottsaft beträufeln. Pro Portion 2 bis 3 EL Creme daraufgeben. Die zweite Hälfte Kompott auf die Creme hieven. Nun mit der zweiten Schicht Biskuit bedecken.

Obendrauf darf noch mal ordentlich Creme. Eine Stunde kalt stellen.

Dann jedes Tiramisu-Türmchen mit Kakao bestäuben. Die Schokoladen-Mhmmms in die oberste Cremeschicht drücken.

Das Tiramisu schmeckt noch besser, wenn es einen Tag durchgezogen ist – wenn es so lange überlebt.

Betrunkener Welpe,
der in eine Maracuja gestolpert ist

Der Name dieses Rezeptes ist albern, der Inhalt lecker und hochprozentig. Natürlich kann es auch vorkommen, dass der Welpe in eine Feige stolpert oder in ein paar Erdbeeren, er ist ziemlich tollpatschig und wenn er betrunken ist, verliert er sowieso gänzlich die Contenance ...

👤 *6 Welpen*
🕐 *40 Min.*

✓ *glutenfrei*

1 Tasse Pflanzenmargarine
   (Zimmertemperatur)
2 Tassen Puderzucker
6 EL Cointreau
½ Tasse Kokosmehl
2 EL Kakao (oder 1 EL Kakao &
   1 EL Carobpulver)
eine Prise Salz
2 TL Natron

4 EL Sojamehl
8 EL Wasser
2 EL Sonnenblumen-, Raps-,
   Kokos- oder Traubenkernöl
½ Tasse Sirup
Zartbitter-Schokotropfen zur
   Dekoration
6 Maracujas

Zubereitung

Die Margarine mit dem Puderzucker und dem Cointreau in eine Rührschüssel geben und mit dem Handrührer zu einem cremigen Frosting verarbeiten. In eine Spritztüte mit Sterntülle füllen und im Kühlschrank kalt stellen.

Den Backofen auf 200 Grad (Umluft 180 Grad) vorheizen.

Für die Muffins, die die Welpen-Basis bilden, das Kokosmehl, den Kakao – oder Carobpulver, Salz und Natron durch ein Sieb in eine Rührschüssel geben. In einer anderen Schüssel das Sojamehl mit dem Wasser verrühren, das Öl und den Sirup dazugeben.

Die feuchte Mischung zu der trockenen Mischung geben und beides mit dem Handrührer verrühren, bis ein leicht elastischer Teig entsteht.

Den Teig in eine Muffinform füllen und 20 Minuten im Ofen backen.

Wenn die Muffins abgekühlt sind, können sie mit dem Frosting in kleine betrunkene Hunde verwandelt werden.

Am besten die Spritztülle zuerst oben ansetzen und dann in Streifen nach unten arbeiten, den Muffin immer wieder drehen um ein gleichmäßiges Ergebnis zu erzielen. Darauf oben zwei Frosting-Ohren und eine -Schnauze setzen.

Die Schokotropfen als Augen und Näschen auf dem Frosting platzieren. Noch einmal für 1 Stunde im Kühlschrank kalt stellen.

Je einen Welpen inmitten einer aufgeschnittenen Maracuja anrichten.

Kiefer-Kleber

Diese possierlichen kleinen Kekse brüten bevorzugt in den jungen Zweigen alter Kiefern. Ihren Namen verdanken sie aber dem menschlichen Kauknochen, welchen sie mit ihrer cremig-köstlichen Konsistenz bösartig zukleistern. Dies soll sie vermutlich vor dem Verzehr durch zweibeinige Fressfeinde schützen, was aber aufgrund ihrer mürben Köstlichkeit nur bedingt funktioniert ...

👤 *30 Doppelkekse*
🕐 *40 Min.*

⊘ *glutenfrei*

eine reife Banane
100 g weiche Pflanzen-
    margarine
120 g Zucker
1 TL Vanillezucker
eine Prise Salz
½ Päckchen Backpulver
300 g Mehl
150 g dunkle Kuvertüre

100 g Erdnussmus
nach Belieben getrocknete
    Blüten zur Dekoration

für die **glutenfreie** Variante
    ersetze ich das Mehl durch:
    150 g Buchweizenmehl
    150 g Reismehl
    ½ TL Xanthan

Zubereitung

Den Backofen auf 180 Grad (Umluft 160 Grad) vorheizen.

Die Banane schälen und in einer kleinen Schüssel mit einer Gabel zerdrücken.

Auf einem bemehlten Backbrett die Margarine, den Zucker, Vanillezucker, Salz und die zerdrückte Banane mit den Händen verkneten. Das mit Backpulver vermischte Mehl darüber geben und noch einmal kräftig durchkneten.

Etwa 60 haselnussgroße Kugeln formen, mit der Handfläche platt drücken und auf

2 mit Backpapier ausgelegte Backbleche geben. 15 Minuten backen, bis die Kekse leicht braun sind. Abkühlen lassen.

Die Kuvertüre im Wasserbad erhitzen.

Das Erdnussmus glatt rühren und jeweils 2 Kekse mit einem Klecks Erdnussmus zusammenkleben. Jeden Doppelkeks mit dunkler Kuvertüre verzieren und nach Belieben mit getrockneten Blüten bestäuben.

Mund weit öffnen – verspeisen!

Pommes Rot-Weiß,
Buletten mit Senf und Zwiebeln

Dieses Dessert kreierte ich für mein *„Fake It Easy"*-Menü. Die Buletten sind aus Manner-Waffeln. Die auch bei uns erhältlichen österreichischen Haselnuss-Waffeln sind vegan, jedoch nur das rosa Original. Günstigere Discounter-Varianten werden leider mit Süßmolke-pulver hergestellt. Die eigentliche Überraschung bei diesem Rezept sind aber die Zwiebel-ringe. Sie sind echt, passen aber super zu der Süße der Ananas.

👤 *4 Personen*
🕐 *30 Min.*

100 g Original Manner-
    Schnitten
½ Tasse gemahlene Hasel-
    nüsse
100 g Marzipan
4 EL Haselnuss-Schnaps oder
    -Wodka
100 g (TK-)Himbeeren
4 EL Wasser

2 EL Zucker
½ Ananas
1 kleine Zwiebel
etwas Pflanzenöl
1 EL Puderzucker
1 EL Mehl
4 EL veganer Frischkäse
1 EL Sirup
4 EL Mandelmus

Zubereitung

Die Manner-Schnitten zusammen mit den gemahlenen Haselnüssen, dem Marzipan und dem Alkohol in einen Mixer geben und zu einer sämigen Masse zerhäckseln. Aus der Masse vier gleich große Buletten for-men.

Die Himbeeren in einem kleinen Topf mit 4 EL Wasser und 2 EL Zucker erhitzen und auf niedriger Flamme 10 Minuten einkochen lassen. Das Himbeer-„Ketchup" anschlie-ßend durch ein Sieb streichen und abkühlen lassen.

Die halbe Ananas mit einem scharfen Mes-ser schälen und die „Punkte" entfernen. Dann noch mal halbieren und der Länge nach den harten Mittelstrunk herausschnei-den. Das übrige Fruchtfleisch in 1 cm dicke

Scheiben schneiden und Scheibe für Schei-be zu „Pommes" verarbeiten.

Die Zwiebel in Ringe schneiden. Etwas Öl in einer kleinen Pfanne erhitzen. Den Pu-derzucker und das Mehl auf einem Teller vermischen und die Zwiebelringe darin wen-den, anschließend unter Wenden in der Pfanne kross braten. Auf einem Küchen-krepp abtropfen lassen.

Den veganen Frischkäse mit Sirup verrüh-ren. Die „Pommes" auf vier Portionen ver-teilen und mit dem Himbeer-„Ketchup" und der Frischkäse-„Mayonnaise" anrichten.

Die „Buletten" mit Mandelmus-„Senf" und Zwiebelringen kichernd servieren.

„Oh Du Mein Wien"
Vegane Sachertörtchen

Ich habe 5 Jahre in Wien gelebt und keine Stadt hat bis heute einen so festen Platz in meinem Herzen wie die Donaumetropole. Ich bin der festen Überzeugung, in einem früheren Leben schon mal als Hernalser Manner-Waffel *(siehe Seite 127)* gelebt zu haben. Wer Wien sagt, muss auch Sachertorte trällern und diese kleinen Ableger hier schmecken genauso wie das Original, denn das Geheimnis lautet: hochwertige Marillenmarmelade *(Aprikosen, Oida!)* und eine dicke Schicht Schokoladenglasur.

👤 6 Törtchen
🕐 60 Min.

150 g Pflanzenmargarine
100 g Zucker
3 EL Sojamehl
½ Päckchen Backpulver
150 g Mehl
4 EL Kakaopulver

1 Prise Salz
½ Tasse Wasser
100 g feine Aprikosen-
   marmelade
150 g dunkle Kuvertüre

Zubereitung

Den Backofen auf 180 Grad (Umluft 160 Grad) vorheizen.

100 g der Margarine und den Zucker mit dem Handrührer schaumig rühren. Sojamehl, Backpulver und normales Mehl miteinander mischen. Nach und nach den Kakao, das Salz und das vermischte Mehl sowie das Wasser zu der Zuckercreme dazugeben.

Den Teig in eine für 6 Muffins ausgelegte Backform füllen und im Ofen 25 Minuten backen.

Abkühlen lassen. Die Muffins aus der Form stürzen und die obere Kappe gerade abschneiden, die abgeschnittenen Stücke dürfen sofort vernascht werden. Nun die Muffins umdrehen, sodass der Boden nach oben zeigt und mit einem scharfen Messer horizontal durchschneiden.

Die Aprikosenmarmelade in einer Tasse glatt rühren, eventuell etwas Wasser dazugeben. Die Muffins mit einem Backpinsel in der Mitte und obenauf großzügig mit Aprikosenmarmelade bestreichen. Die Hälften wieder aufeinandersetzen.

Die Kuvertüre zusammen mit den übrigen 50 g Margarine im Wasserbad auflösen und die Törtchen damit überziehen. Auf gar keinen Fall an der Schokoladenglasur sparen.

Die Sachertörtchen halten sich gekühlt locker eine Woche, das ist aber aufgrund ihrer Köstlichkeit unrealistisch, es sei denn, man lagert sie in einem Safe.

Rosa Kipferl

Viele Menschen verwechseln ja vegane Ernährung mit Gesundheits-Apostelei und Askese. Die sagen dann empört: „Wie, du trinkst Alkohol? Du bist doch vegan?"

Fakt ist: Wer sich konsequent tierfrei ernährt, muss auf ausgewogene, vitamin- und nährstoffreiche Kost achten, Naschen ist aber unbedingt immer erlaubt. Denn wer sich das Naschen langfristig verbietet, neigt zu schlechter Laune und Fressattacken. Schon allein aus Rücksicht auf das soziale Umfeld ist es also sozial verantwortlicher zu naschen.

Diese Weihnachtskipferl werden mit ein paar Tropfen Rote-Bete-Saft *(den man nicht heraus schmeckt)* zu einem pastellfarbenen Mädchen- (und Buben-) Traum – ein altes Familienrezept in veganer Version, das schmeckt auch der Oma – versprochen!

👤 *2 Bleche*

🕐 *40 Min.*

⊘ *glutenfrei*

- 300 g Weizenmehl oder helle, **glutenfreie** Mehlmischung für Kuchen
- 4 gehäufte EL Zucker
- 100 g geschälte, gemahlene Mandeln
- ½ TL gemahlene Vanille oder der Inhalt einer halben Vanilleschote
- 210 g Pflanzenmargarine (Zimmertemperatur)
- 5 TL Rote-Bete-Saft
- 100 g Vanillezucker zur Dekoration

Zubereitung

Den Backofen auf 180 Grad (Umluft 160 Grad) vorheizen.

Das Mehl, den Zucker, die Mandeln und die Vanille in eine Schüssel geben. Die Margarine mit einem Messer klein stückeln, den Rote-Bete-Saft hinzufügen und erst mit den Knethaken des Handrührers, dann mit dem mürben Teig verkneten.

Den Teig halbieren und beide Hälften auf einer bemehlten Fläche zu langen Würsten rollen.

Die Würste in daumendicke Stücke schneiden und zu formschönen Kipferl formen.

Auf mit Backpapier ausgelegte Bleche geben und im Backofen ca. 10 Minuten backen.

Wenn nur ein Blech zur Verfügung steht, dieses nach dem ersten Durchgang auskühlen lassen, kommen die rohen Kipferl aufs heiße Blech, zerlaufen sie!

Den Vanillezucker in einen tiefen Teller geben und die noch warmen Kipferl vorsichtig darin wenden, das erfordert etwas Fingerspitzengefühl, denn sie zerbröseln leicht.

Nur an den warmen Kipferl bleibt der Zucker gut haften!

Süße Spiegeleier

Geschickt in Form gebrachter Kokospudding mit Aprikosen-Dotter. Ich präsentiere: *die hühnerfreundlichste Spiegelei-Version der Welt!*

400 ml Kokosmilch
2 EL Zucker
3 EL Maisstärke
6 getrocknete Aprikosen

👤 *10–12 Spiegeleier*
🕐 *20 Min.*

⊘ *glutenfrei*

Zubereitung

⅔ der Kokosmilch in einem kleinen Topf erhitzen. Das restliche Drittel in einer kleinen Schüssel mit dem Zucker und der Maisstärke verrühren.

Sobald die Kokosmilch heiß ist, aber nicht kocht, die Maisstärkemischung dazugeben und mit dem Schneebesen fest umrühren. Vom Herd nehmen.

2 gleichmäßig runde Wassergläser mit kaltem Wasser ausspülen. Dies erleichtert später das Stürzen. Den Kokospudding in die Gläser füllen und für mindestens 1 Stunde in den Kühlschrank geben.

Die Ränder des erkalteten Puddings vorsichtig mit einem scharfen Messer vom Glasrand lösen und ihn sachte auf einen

Teller stürzen. Dann etwa 1 cm dicke Scheiben schneiden und diese auf einer Servierplatte anrichten.

Die Aprikosen halbieren und mit der Innenseite nach oben auf den Puddingscheiben platzieren.

Man kann auch frische Aprikosen verwenden, aber die getrockneten sehen noch ein bisschen mehr nach Dotter aus ...

Frittiertes Eis

Eines Tages beschloss ich die vegane Version dieses verrückten Desserts zu schaffen: frittiertes Eis. Außen knusprig, innen cremig-kalt.

Die Krux bei diesem Rezept ist, dass es sehr viel Zeit in Anspruch nimmt. Deshalb sei verraten: Auch nicht frittiert schmeckt dieses Eis hervorragend!

👤 6 Personen
🕐 mehrere Tage

⊘ glutenfrei

400 ml Kokosmilch
200 g Zucker
4 gehäufte EL Kakaopulver
6 EL Sojamehl
12 EL Wasser
2 Tassen Cornflakes
1 Tasse Kokosraspel
Pflanzenöl zum Frittieren

Zubereitung

Die Kokosmilch in eine Rührschüssel geben, Zucker und Kakaopulver dazugeben und mit einem Handrührer 2–3 Minuten cremig aufschlagen.

Die Creme in einen Tiefkühlfach geeigneten Behälter geben. Diesen für eine halbe Stunde ins Eisfach stellen. Herausnehmen und sorgfältig umrühren. Die Prozedur im Halbstunden-Takt mindestens 4 Mal wiederholen, bis sich genug Eiskristalle gebildet haben und die Creme so fest geworden ist, dass sie sich zu Kugeln formen lässt. *Oder aber die Creme in eine Eismaschine geben und sich ins Fäustchen lachen, weil das Eis in 30 Minuten fertig ist.*

Aus dem Eis 6 Kugeln formen. Diese wiederum für mindestens 2 Stunden tiefkühlen.

Das Sojamehl mit dem Wasser verrühren und in eine kleine Schüssel geben. Die Cornflakes in einen Gefrierbeutel geben und mithilfe eines Nudelholzes zerkloppen.

Ebenfalls in eine kleine Schüssel geben, die Kokosraspeln dazumengen.

Jede Eiskugel erst in der Sojamehlcreme und dann in der Cornflakes-Panade wälzen. Die Panade fest andrücken, die Kugeln wieder tiefkühlen. Die Reste der Sojacreme und der Panade aufheben, auch diese Prozedur muss nach 2 Stunden wiederholt werden.

Die doppelt panierten Eiskugeln am besten nochmal über Nacht gefrieren lassen.

In einem kleinen tiefen Topf großzügig Pflanzenöl stark erhitzen. Nacheinander die Eiskugeln unter Wenden im heißen Fett frittieren, das erfordert etwas Fingerspitzengefühl, länger als 1 Minute sollte keine Kugel im Fett bleiben, denn dann fängt sie an zu schmelzen.

Das Eis anschließend sofort servieren!

Ich möchte mich …

… von ganzem Herzen bei allen bedanken, die dieses Buch möglich gemacht haben und die mich bestärkt haben weiter zu kochen und meiner Kreativität freien Lauf zu lassen:

Meinen Eltern, die mich gefüttert und mir gezeigt haben, wie man kocht und die immer für mich da sind.

Gregor, der nie müde wird mir zuzuhören, meinen Ehrgeiz geweckt hat und sich stets mit mir auf die Reise zu neuen kulinarischen Abenteuern begibt.

All meinen Freunden und besonders **Nina**, Chefin der veganen Crêperie *Let It Be*, für tatkräftige Hilfe, Testessen, Zuhören, Ideen spinnen, zum Lachen bringen und mich ab und zu auch mal vom Herd weglocken …

Meinem unglaublich talentierten, motivierten und fleißigen Team **Sandra Stäbler**, **Zoe Spawton** und **Anna Kohlweis**, ohne die das Buch nicht so aussehen würde wie es das jetzt tut.

Constanze Gölz und **Julia Sommer** vom Edel Verlag, die sich in *Sophias vegane Welt* entführen ließen und mir während der Produktion engagiert zur Seite standen.

Tim, **Ingrid** und **Maysun**, die sich für meine Projekte und die Entstehung dieses Buches eingesetzt haben.

Katja Hentschel, die mich auf die Idee für *www.oh-sophia.net* brachte.

Des Weiteren bedanke ich mich bei **Vitamix**, **Kulau**, **Tropicai** und **Falksalt** für die Bereitstellung toller Produkte.

DANKESCHÖN!

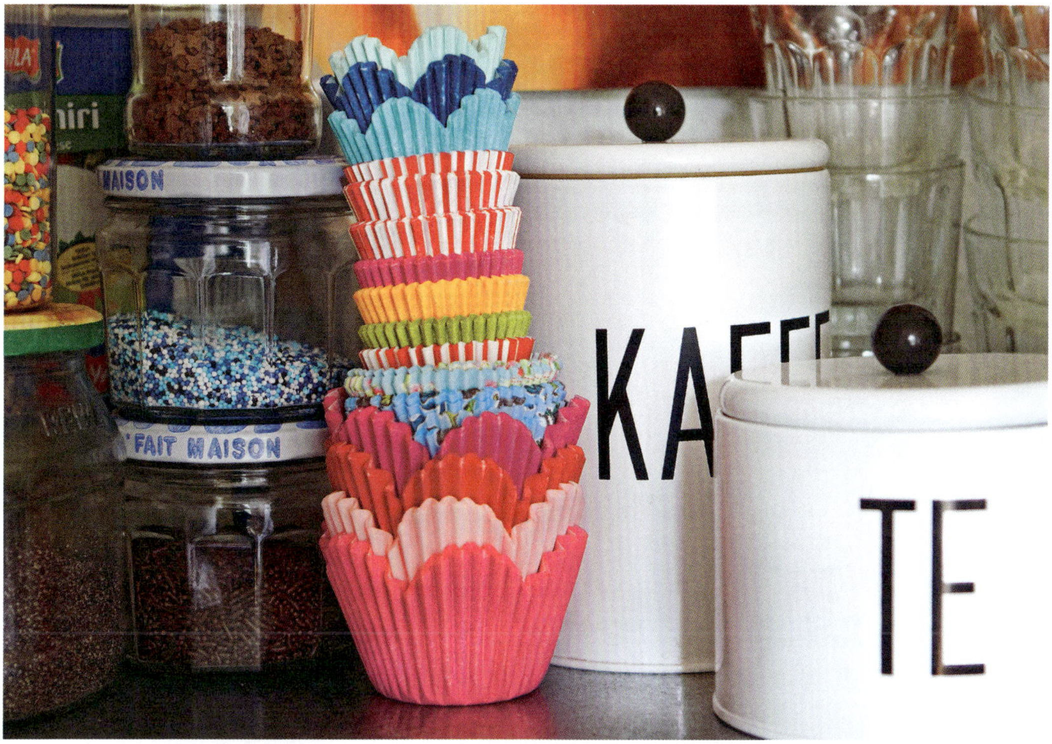
MAISON
FAIT MAISON
KAFF
TE

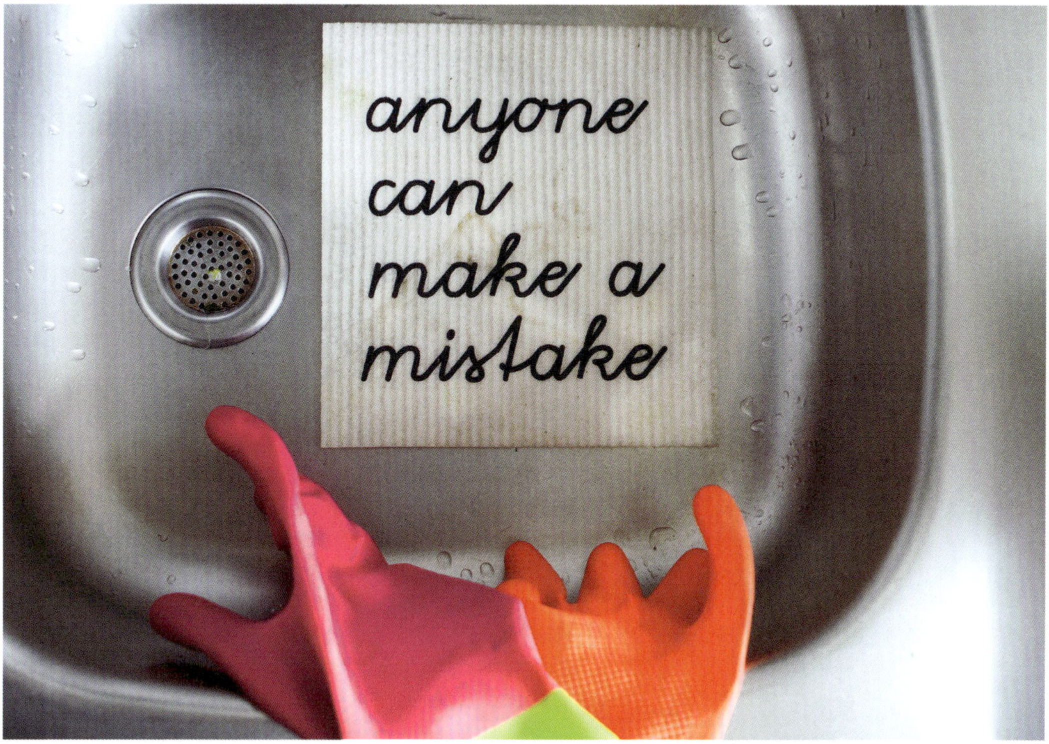
anyone
can
make a
mistake

SOPHIA HOFFMANN
www.oh-sophia.net

In München aufgewachsen, zog es Sophia erst nach Wien, seit 2008 lebt sie in Berlin.

10 Jahre lang schlug sie sich als Sängerin, DJ und Veranstalterin die Partynächte um die Ohren und fing nebenher an als freie Journalistin zu arbeiten.

Seit 2011 postet sie auf *www.oh-sophia. net* ihre bunten Rezeptkreationen, 2012 fing sie an Dinner-Abende zu veranstalten.

Sophia liebt die Natur, Babyschweine, Yoga, gutes veganes Essen, Fahrradfahren und moderne Kunst.

ZOE SPAWTON
www.zoespawton.com

Nach Brighton und San Francisco lebt die aus Melbourne stammende Zoe seit 2 Jahren in Berlin. Mit einer gastronomischen Fachkraftausbildung und einem Fotografie-Studium in der Tasche war der Weg zur Food-Fotografie wohl nur eine Frage der Zeit.

Einige Leser kennen sicher Zoes Tumblr *What Ali Wore*, auf dem sie Fotos ihres über 80-jährigen, wohlgekleideten, türkischen Nachbarn Ali postet. Dieser Blog erlangte 2013 Internet-Ruhm und brachte ihr einen Lead Award ein – ausgelöst hatte den Rummel ein kleines Interview, das Sophia mit Zoe geführt hatte – so lernten sich die beiden kennen.

Zoe liebt exotisches Essen und ist immer auf der Suche nach neuen kulinarischen Abenteuern.

SANDRA STÄBLER

www.sandrastaebler.de

Im wunderschönen Konstanz am Bodensee geboren und aufgewachsen, zog Sandra nach ihrem Kommunikationsdesignstudium im Februar 2013 nach Berlin. Dort arbeitet sie als Freelance Designerin und hegt eine große Leidenschaft für schönes Editorialdesign und gutes vegetarisches Essen.

Sophia und Sandra kennen sich durch die gemeinsame Arbeit für das Berliner *MITTESCHÖN* Magazin.

In ihrer Freizeit synchronisiert Sandra gerne Tiere ohne es zu merken, so wie andere Menschen schlafwandeln, bewegt sich tanzend durch den Sommer und zockt auch gerne mal an der Konsole – ja, auch Ballerspiele ...

ANNA KOHLWEIS

www.annakohlweis.com

Anna ist einer dieser Menschen, die schier unerschöpflich kreativ und produktiv sind und damit das Leben ihrer Mitmenschen so viel schöner machen.

Die Künstlerin und Musikerin komponiert, singt, malt und dreht zusätzlich noch Videos für ihre eigenen Songs und die anderer Musiker. Unter dem Pseudonym Squalloscope steht Anna auf der Bühne – dort sah Sophia sie auch zum ersten Mal und wurde Fan.

Anna spielt mit Worten, Tönen und nicht zuletzt mit dem Pinsel, wie man in diesem Buch eindrucksvoll bestaunen kann.

In ihrer Freizeit führt sie ein Traumtagebuch und wenn sie so weitermacht, hat sie bald so viele Tattoos wie Sophia.

- Register -

– Register –

- Register -

– Register –

Edel Books
Ein Verlag der Edel Germany GmbH

Copyright © 2014 Edel Germany GmbH,
Neumühlen 17, 22763 Hamburg
www.edel.com
1. Auflage 2014

Projektkoordination: Constanze Gölz
Text und Rezepte: Sophia Hoffmann
Fotografien: Zoe Spawton
Styling und Foodstyling: Sophia Hoffmann
Illustrationen: Anna Kohlweis
Layout, Satz und Umschlaggestaltung: Sandra Stäbler
Lithografie: Frische Grafik
Druck und Bindung: optimal media GmbH,
Glienholzweg 7, 17207 Röbel/Müritz

Printed in Germany

ISBN 978-3-8419-0314-3